ROCK ARTISTS

```
L  A  H  E  Q  L  N  A  D  Y  L  E  E  T  S
R  T  I  A  W  H  I  T  E  Z  O  M  B  I  E
P  U  A  Z  P  H  I  S  H  Z  D  U  A  S  M
Q  O  L  E  M  O  N  H  E  A  D  S  S  A  I
B  D  R  U  B  T  I  N  Q  N  V  E  Q  L  S
H  A  L  Q  U  L  S  W  N  I  O  X  T  I  O
U  S  D  Z  A  W  O  S  A  G  S  T  F  Z  N
E  S  J  C  F  A  N  V  W  C  B  P  F  E  I
Y  I  V  N  O  L  E  M  D  N  I  L  B  E  C
L  N  T  S  X  M  V  X  M  I  N  P  W  W  D
E  C  S  W  G  Y  P  X  T  K  Z  G  E  P  C
W  Q  X  N  E  M  R  A  M  O  N  E  S  D  G
I  R  U  O  F  F  O  G  N  A  G  N  Q  Z  D
S  W  Z  H  C  S  B  V  L  Y  S  X  S  S  Q
J  E  R  R  Y  L  E  E  L  E  W  I  S  M  H
```

ALIZEE
BADCOMPANY
BLINDMELON
DEFTONES
EPICA
GANGOFFOUR

HUEYLEWIS
JERRYLEELEWIS
LEMONHEADS
PHISH
RAMONES
SEMISONIC

STEELYDAN
VOLBEAT
WHITEZOMBIE

D1537589

QUEEN

```
N  F  T  S  U  D  E  H  T  S  E  T  I  B  Z
I  S  N  Z  X  B  I  A  R  E  L  R  N  K  L
I  H  A  M  M  E  R  T  O  F  A  L  L  I  Y
Q  O  B  A  V  F  C  E  E  B  T  K  S  L  M
R  W  O  G  T  M  N  O  A  Q  L  J  H  L  Y
Z  M  W  F  Z  O  P  Y  B  K  K  E  D  E  B
U  U  B  R  T  A  P  F  X  L  F  P  K  R  E
F  S  R  A  G  A  G  O  I  D  A  R  O  Q  S
B  T  D  H  G  M  R  O  L  X  J  L  E  U  T
T  G  E  C  A  R  E  L  C  Y  C  I  B  E  F
W  O  N  E  M  P  O  T  S  T  N  O  D  E  R
Y  O  W  H  L  H  S  A  L  F  V  B  L  N  I
Z  N  Z  O  U  I  B  O  H  E  M  I  A  N  E
C  C  I  N  N  U  E  N  D  O  Y  G  F  F  N
Z  S  B  O  F  W  D  P  X  Y  J  I  G  T  D
```

BICYCLERACE	HAMMERTOFALL	SHOWMUSTGOON
BITESTHEDUST	INNUENDO	
BOHEMIAN	KILLERQUEEN	
BREAKFREE	MYBESTFRIEND	
DONTSTOPMENOW	RADIOGAGA	
FLASH	RHAPSODY	

ROCK ARTISTS

```
L  M  R  O  Y  A  L  B  L  O  O  D  Y  U  H
P  E  O  U  Q  S  U  T  A  T  S  D  U  F  I
O  Z  B  R  E  P  L  A  C  E  M  E  N  T  S
R  Z  J  A  R  P  F  K  S  P  E  L  I  C  U
C  I  A  K  L  I  M  N  T  O  Z  V  Q  J  R
U  Y  T  R  W  K  S  A  R  C  O  C  H  T  Q
P  I  A  U  C  U  C  D  C  O  E  C  G  C  B
I  F  T  R  N  H  D  A  A  N  Y  A  T  Y  G
N  R  Q  T  D  U  E  P  L  Y  E  E  S  A  N
E  H  T  I  V  O  J  N  O  B  T  L  T  V  Q
T  Z  X  R  G  T  N  E  E  W  O  L  L  E  H
R  E  K  X  L  O  V  Z  Q  M  G  N  X  E  P
E  P  W  Q  U  T  S  E  D  H  Y  F  X  N  M
E  L  S  R  U  O  C  T  E  U  Q  R  A  P  T
X  U  N  O  S  R  E  F  F  O  T  S  I  R  K
```

ARCHENEMY

BLACKLABEL

BONJOVI

HELLOWEEN

KRISTOFFERSON

MELLENCAMP

MORRISDAY

PARQUETCOURS

PETEYORN

POCO

PORCUPINETREE

REPLACEMENTS

ROYALBLOOD

STATUSQUO

TOTO

ROCK ARTISTS

```
A A Y E L K C U B F F E J T Q
C W V L R Q A V I M Z J L O S
M A J P J G L X F F E F I K T
F O R P G A Z E F Y M A T Q R
D T B C Y A H D Y Z L M T Z A
Q B A Y T O Y S C Z H I L B T
N S L E G I P U L M R L E R O
K W S I H R C V Y W X Y F I V
M R O E N D A M R Y Z F E G A
K V O D N D E P O A D O A H R
N F E K E O F N E N G R T T I
Y S O L U N R A N D K C C E U
T K J P D S I A I A E E A Y S
M T W A J H A H B T C V Y E X
R T H E G U E S S W H O O S I
```

ARCTICMONKEYS
BARONESS
BIFFYCLYRO
BLINDFAITH
BRIGHTEYES
CANNEDHEAT

DEVO
FAMILYFORCE
JEFFBUCKLEY
KROKUS
LITTLEFEAT
MOBYGRAPE

SHINEDOWN
STRATOVARIUS
THEGUESSWHO

ROCK ARTISTS

```
I  F  K  T  O  L  E  M  A  K  B  M  J  S  W
T  T  E  F  F  U  B  Y  M  M  I  J  Z  W  S
N  Q  N  E  W  O  L  E  M  I  T  L  L  A  N
H  O  Q  O  V  S  D  R  V  R  N  H  C  F  O
M  R  T  B  S  A  P  I  P  H  J  U  T  K  W
L  U  I  P  I  L  N  R  C  M  H  Y  W  X  P
T  J  R  S  M  G  E  E  O  T  K  R  Q  B  A
L  H  D  A  E  A  C  N  S  X  A  V  E  Y  T
Q  P  E  E  H  A  R  O  K  C  E  T  I  P  R
A  A  B  P  S  L  G  F  U  W  E  T  O  V  O
S  W  I  E  O  U  O  A  R  N  A  N  T  R  L
Z  I  T  M  Z  L  E  C  I  E  T  H  C  E  S
T  W  Q  P  F  F  I  H  O  N  T  R  W  E  P
Q  T  H  W  R  V  G  C  T  R  S  E  Y  H  V
I  U  P  L  T  O  R  S  E  M  P  T  P  F  K
```

ALLTIMELOW
BIGCOUNTRY
DICTATORS
EVANESCENCE
HAWKNELSON
JIMMYBUFFETT

KAMELOT
PETERFRAMPTON
PROCOLHARUM
RISEAGAINST
ROXETTE
SNOWPATROL

THEPOLICE
THEUSED
YES

ROCK ARTISTS

```
L  U  Q  B  S  U  R  K  V  B  Q  I  J  F  D
I  Z  U  I  E  L  J  E  R  R  Y  R  E  E  D
V  D  A  L  R  S  L  A  D  E  N  I  G  P  H
I  A  R  L  E  E  S  I  Z  V  L  B  G  A  O
N  L  Q  Y  L  V  V  I  K  F  X  I  C  A  T
G  N  B  C  N  I  O  N  E  E  C  X  N  Y  C
C  R  A  O  V  Y  R  L  E  S  H  E  U  F  H
O  C  E  R  B  Z  K  O  P  D  M  T  L  Q  O
L  Q  S  G  U  D  N  S  G  U  N  I  I  D  C
O  X  I  A  A  D  Y  G  D  E  O  H  T  O  O
U  B  T  N  D  L  N  L  F  R  E  R  O  H  L
R  Y  Y  Y  W  Q  L  A  A  N  Y  R  G  J  A
J  A  C  V  V  H  M  M  R  N  N  N  F  W  T
U  T  F  B  U  J  B  M  A  U  Z  T  Y  Z  E
D  C  O  E  L  I  V  J  U  N  D  V  D  L  Z
```

BESSIESMITH	GREGALLMAN	LYNYRDSKYNYRD
BILLYCORGAN	GROUPLOVE	SLADE
BOBDYLAN	HOTCHOCOLATE	THEKILLS
DURANDURAN	JERRYREED	
FREE	JOHNDENVER	
GORILLAZ	LIVINGCOLOUR	

ROCK ARTISTS

```
I  I  S  L  E  Y  B  R  O  T  H  E  R  S  U
N  T  S  G  K  H  O  U  Q  S  U  T  A  T  S
M  H  T  N  K  C  U  E  O  R  Y  M  M  O  T
E  E  H  P  O  A  I  M  A  U  O  Y  M  D  E
A  O  E  C  I  S  Q  W  B  M  V  X  P  B  X
T  U  R  B  A  S  R  J  O  L  A  L  Z  O  C
P  T  A  A  H  E  W  A  W  R  E  R  X  G  B
U  L  S  J  W  L  L  S  P  V  X  P  P  J  C
P  A  C  B  H  L  O  S  E  N  S  S  I  L  B
P  W  A  S  F  I  J  G  P  L  A  Z  H  E  H
E  S  L  Z  M  O  F  O  S  R  X  L  M  K  P
T  K  S  F  N  T  Y  D  D  E  E  N  A  U  D
S  K  C  A  L  B  K  C  A  J  T  P  Q  K  L
Q  T  E  S  U  O  M  T  S  E  D  O  M  I  N
D  E  T  T  O  L  R  A  H  C  D  O  O  G  B
```

ALANPARSONS

BLISSNESO

CASSELLIOT

DUANEEDDY

GOODCHARLOTTE

HUMBLEPIE

ISLEYBROTHERS

JACKBLACK

MEATPUPPETS

MODESTMOUSE

STATUSQUO

THEOUTLAWS

THERASCALS

TOMMYROE

YOUAMI

THE ROLLING STONES

```
R U P A I N T I T B L A C K U
R A Z T H S A L F K C A J L N
U O G N Z O T T F B L F Y B D
B N C U O A N G I E Q K E Y E
Y L S K S I Y K D A D W H L R
T Y T W S N T C Y S E G X U M
U R A I G O W C U T R H Q X Y
E O R L M V F O A O O R A G T
S C T D Y Y H F R F Y N D T H
D K M H B A A S K B S S K M U
A N E O F L G K H U K I S Y M
Y R U R Y H E F P R G P T I B
M O P S C W Z H O D W Y P A M
F L R E T L E H S E M M I G S
A L U S T B Z L Q N B Q J J H
```

ANGIE
BEASTOFBURDEN
BROWNSUGAR
GIMMESHELTER
HONKYTONK
JACKFLASH

MISSYOU
ONLYROCKNROLL
PAINTITBLACK
ROCKSOFF
RUBYTUESDAY
SATISFACTION

STARTMEUP
UNDERMYTHUMB
WILDHORSES

ROCK ARTISTS

```
F  B  S  U  P  E  R  T  R  A  M  P  M  V  G
K  N  U  H  U  E  L  V  X  G  K  D  Q  G  N
A  T  I  D  H  V  W  O  R  D  I  K  S  U  T
S  E  K  L  D  S  T  V  Q  X  D  O  K  C  G
H  X  Y  A  E  Y  M  Q  F  G  E  K  L  H  R
U  I  L  B  Q  P  H  R  C  A  C  G  O  E  A
C  G  W  W  D  Y  P  O  E  P  G  J  F  A  H
V  T  P  C  N  O  S  E  L  G  G  U  B  P  A
L  O  H  D  M  N  O  I  Z  L  E  M  Z  T  M
J  M  Q  E  P  I  U  G  F  D  Y  H  X  R  P
Q  P  R  L  C  X  J  E  O  W  E  E  T  I  A
Y  E  I  Z  D  U  C  U  N  L  X  L  K  C  R
F  T  Y  X  Y  E  R  D  A  U  L  W  S  K  K
W  T  N  O  I  T  C  E  R  I  D  E  N  O  E
N  Y  H  J  A  M  E  S  G  A  N  G  H  J  R
```

ASH
BUDDYHOLLY
BUGGLES
CHEAPTRICK
ELO
GRAHAMPARKER

HELLOGOODBYE
JAMESGANG
LEDZEPPELIN
ONEDIRECTION
SKIDROW
SUPERTRAMP

THECURE
THEGERMS
TOMPETTY

METALLICA

```
H  T  A  E  D  G  N  I  P  E  E  R  C  W  V
L  Q  N  E  M  E  S  R  O  H  R  U  O  F  Q
F  J  F  T  F  U  N  R  L  T  T  Y  I  A  P
A  C  N  F  C  V  N  E  S  E  V  P  Z  K  U
D  T  C  A  L  L  O  F  K  T  U  L  U  M  N
E  N  O  U  M  X  U  B  O  C  E  F  F  A  Y
T  Y  K  L  W  D  M  V  V  R  A  P  X  L  V
O  M  Q  B  G  I  N  Q  Z  Z  G  L  P  M  X
B  T  X  O  A  L  A  A  N  L  F  I  B  U  S
L  T  K  W  R  T  V  M  S  M  U  O  V  H  P
A  K  F  I  M  E  T  I  O  R  I  O  N  E  Q
C  T  P  V  D  L  O  E  K  X  E  L  Y  L  N
K  S  A  D  B  U  T  T  R  U  E  T  F  V  R
Q  G  P  C  H  N  O  T  Z  Y  N  K  N  Y  V
J  U  S  T  I  C  E  F  O  R  A  L  L  E  L
```

BATTERY
BLACKENED
CALLOFKTULU
CREEPINGDEATH
ENTERSANDMAN
FADETOBLACK

FOURHORSEMEN
FUEL
JUSTICEFORALL
ONE
ORION
PUPPETS

SADBUTTRUE
UNFORGIVEN

ROCK ARTISTS

```
T  D  A  L  T  E  R  B  R  I  D  G  E  J  B
H  M  B  C  B  R  R  A  T  S  O  G  N  I  R
E  S  B  B  P  L  C  D  E  A  Z  K  D  D  S
C  B  U  A  R  C  A  D  E  F  I  R  E  A  I
H  N  I  B  H  T  K  C  H  N  N  P  W  M  J
O  S  A  L  E  D  I  R  K  R  U  S  S  Y  N
R  Q  W  G  L  T  H  N  Q  F  Z  U  Z  A  E
D  U  T  S  Z  Y  A  E  X  B  L  L  V  X  W
E  S  I  Z  U  J  J  K  H  D  E  A  V  U  O
T  D  B  I  R  Z  B  O  S  L  X  A  G  H  R
T  T  O  H  T  O  R  E  E  L  D  I  V  A  D
E  Y  P  M  F  R  L  O  C  L  A  R  Y  F  E
S  J  C  O  L  B  I  E  I  T  O  O  H  U  R
U  Q  S  R  E  T  H  G  I  F  O  O  F  X  D
Q  P  C  N  A  I  S  I  N  A  J  C  R  S  T
```

ALTERBRIDGE	FOOFIGHTERS	RINGOSTARR
ARCADEFIRE	HOOTIE	THECHORDETTES
BILLYJOEL	JANISIAN	WASP
BLACKFLAG	KATEBUSH	
DAVIDLEEROTH	NEWORDER	
FOALS	RIDE	

DEF LEPPARD

```
H  H  P  I  L  A  D  Y  S  T  R  A  N  G  E
R  A  G  U  S  E  M  O  S  R  U  O  P  O  Q
T  R  O  C  K  E  T  L  A  M  I  N  A  D  I
L  I  J  P  R  O  M  I  S  E  S  B  T  S  Z
O  M  N  G  G  W  K  E  T  G  V  U  H  O  V
V  L  N  O  Q  K  W  C  H  G  T  J  B  F  V
E  H  H  I  D  P  C  O  K  C  O  Q  H  W  J
B  S  B  Y  L  D  U  V  X  E  K  O  P  A  W
I  F  I  S  S  O  E  H  I  G  H  N  D  R  Y
T  N  U  G  A  T  O  G  S  Y  L  L  I  B  M
E  E  S  K  X  X  E  F  A  R  Y  A  L  O  E
S  O  L  G  S  X  O  R  V  M  Z  Q  Y  T  R
P  I  B  D  U  D  D  T  I  Z  R  D  G  U  R
K  C  O  R  K  C  O  R  M  A  P  A  G  V  I
O  L  J  V  H  P  A  R  G  O  T  O  H  P  H
```

ANIMAL	HYSTERIA	PROMISES
ARMAGEDDONIT	LADYSTRANGE	ROCKET
BILLYSGOTAGUN	LETITGO	ROCKROCK
FOOLIN	LOVEBITES	
GODSOFWAR	PHOTOGRAPH	
HIGHNDRY	POURSOMESUGAR	

1960S HITS

```
T  R  E  Y  B  A  B  E  B  E  M  X  G  F  O
H  I  E  V  P  A  Z  O  R  I  C  M  H  T  L
E  M  J  T  O  G  E  W  Q  F  D  A  T  G  R
L  A  L  N  L  L  M  R  S  E  D  Q  U  I  J
O  B  Q  H  I  E  R  R  I  W  B  E  W  T  U
C  E  E  R  A  V  K  U  P  E  D  S  N  S  D
O  L  Z  V  V  N  O  S  O  F  U  V  I  A  Y
M  I  J  D  I  D  K  L  R  Y  M  B  D  L  B
O  E  V  Y  Y  L  C  Y  D  E  R  W  Y  L  L
T  V  B  I  Z  Z  W  E  P  O  T  O  C  R  U
I  E  S  C  F  G  A  A  I  A  O  L  F  I  E
O  R  A  D  D  O  C  R  Y  I  N  G  E  G  E
N  B  C  U  W  O  M  J  C  S  D  K  I  H  Y
R  E  V  O  L  U  T  I  O  N  Z  D  Y  T  E
D  K  C  A  B  U  O  Y  T  N  A  W  I  F  S
```

CRAZY	HELTERSKELTER	REVOLUTION
CRYING	IMABELIEVER	THELOCOMOTION
EVILWAYS	ITSALLRIGHT	
FORYOURLOVE	IWANTYOUBACK	
GOODLOVIN	JUDYBLUEEYES	
HANKYPANKY	MEBEBABY	

Puzzle #14

THE POLICE

```
V  C  F  N  U  S  E  L  B  I  S  I  V  N  I
S  S  Y  N  C  H  R  O  N  I  C  I  T  Y  O
N  R  D  A  P  Q  S  O  L  O  N  E  L  Y  B
S  O  O  R  D  S  R  O  X  A  N  N  E  R  F
O  K  B  H  I  R  H  I  F  D  C  M  J  X  M
C  J  I  S  T  V  E  P  E  A  L  H  M  A  D
L  M  X  N  A  A  E  H  B  L  L  E  M  F  Q
O  E  Q  V  G  D  E  N  T  X  T  L  V  S  C
S  S  M  I  S  O  E  R  T  O  C  T  O  Y  O
E  S  H  G  N  B  F  D  B  O  Y  K  O  U  N
T  A  W  C  J  I  S  P  O  Y  T  N  H  B  T
O  G  T  V  U  Z  C  H  A  D  R  E  A  T  A
M  E  A  T  Q  R  N  W  C  I  O  E  A  T  C
E  I  V  J  Y  S  E  Y  K  P  N  D  V  R  T
N  N  E  X  T  T  O  Y  O  U  U  X  S  E  S
```

ABOTTLE
ANYOTHERDAY
CONTACT
DODODEDA
DRIVENTOTEARS
EVERYBREATH

FALLOUT
INVISIBLESUN
KINGOFPAIN
MESSAGEIN
NEXTTOYOU
ROXANNE

SOCLOSETOME
SOLONELY
SYNCHRONICITY

1980S HITS

```
Q  N  D  B  Y  A  N  T  A  M  H  U  R  A  S
F  W  O  R  T  D  O  Z  W  C  W  O  G  W  N
U  L  O  O  F  U  L  K  R  A  I  W  W  V  F
L  N  W  K  M  E  O  O  L  U  P  R  Y  R  D
O  S  A  E  Q  E  E  T  F  H  M  J  F  P  C
N  W  L  N  A  X  H  L  I  R  H  O  Q  A  O
E  K  K  W  K  N  M  T  G  T  E  Z  R  B  I
L  D  O  I  C  T  H  G  T  O  U  T  L  Q  V
Y  O  F  N  O  D  L  O  H  A  O  N  G  E
H  R  L  G  H  O  V  I  K  I  K  D  H  E  X
E  D  I  S  N  I  L  I  V  E  D  R  G  S  C
A  R  F  P  J  N  I  A  R  T  Y  Z  A  R  C
R  E  E  V  O  L  R  E  H  G  I  H  J  B  B
T  B  J  R  E  V  I  D  Y  L  O  H  N  V  X
N  B  U  R  N  I  N  F  O  R  Y  O  U  R  K
```

AFRICA
BARKATTHEMOON
BROKENWINGS
BURNINFORYOU
CENTERFOLD
CRAZYTRAIN

DEVILINSIDE
DRFEELGOOD
HIGHERLOVE
HOLDON
HOLYDIVER
LONELYHEART

SHOUTITOUT
WALKOFLIFE

Puzzle #16

ROCK ARTISTS

```
D  T  F  U  T  U  R  E  I  S  L  A  N  D  S
Y  A  F  K  O  U  U  V  T  R  E  D  Z  J  L
P  C  V  J  H  P  L  D  P  H  J  Q  Z  I  O
Y  M  O  I  D  E  S  U  O  H  E  C  I  W  Q
S  O  C  T  D  E  P  Y  L  P  X  F  T  N  U
A  N  C  K  X  G  D  O  R  G  Z  P  I  H  J
V  S  Z  A  C  D  I  L  R  C  Z  T  R  X  K
O  T  E  E  R  A  L  L  U  N  H  J  L  X
Y  E  H  M  S  D  N  U  M  D  E  E  V  A  D
B  R  X  E  A  O  I  K  E  O  A  F  Q  M  E
R  T  W  N  K  J  R  G  E  Z  U  O  L  V  L
O  R  I  A  U  I  K  T  A  H  N  R  Y  W  K
W  U  Q  E  J  T  N  C  N  N  T  M  V  C  N
N  C  E  Y  Y  G  H  K  I  O  S  A  Y  L  B
E  K  X  E  Z  T  A  X  S  R  M  T  X  Y  N
```

CARDIGANS
DAVEEDMUNDS
DAVIDGILMOUR
EUROPE
FUTUREISLANDS
ICEHOUSE

LULU
MONSTERTRUCK
MONTROSE
RICKJAMES
SAVOYBROWN
THEFIXX

THEFORMAT
THEKINKS
THEKNACK

THE GRATEFUL DEAD

```
A Q M W E D G N I N R O M F F
X R M Z N E H P E T S T S O K
E D E B L I M I U P B R Z N R
B Y C W W C A P Z O X U L A N
F L E E O W A R T S K C A J N
B M R O M T Z S F J N K D H L
X R I S F D N D E O H I B Y T
H G P B R T J I A Y X N I A N
M I P E I C H R L R J O N L I
Z M L Y X Z S E V K K O B T Y
W F E O L D H W W E N S N H M
N I D I H S V O P O N A T E E
D C W W R V N L T Q R X R A S
O R M M C F N F W G F L B F R
T O U C H O F G R E Y O D A R
```

ALTHEA
BOXOFRAIN
CASEYJONES
DARKSTAR
DIREWOLF
EYEOFTHEWORLD

FRANKLINTOWER
JACKSTRAW
MORNINGDEW
RIPPLE
STSTEPHEN
TOUCHOFGREY

TRUCKIN

KISS

```
I  J  M  Y  F  O  R  L  O  V  I  N  Y  O  U
N  L  X  E  S  R  O  C  K  C  I  T  Y  H  Y
P  G  O  D  O  F  T  H  U  N  D  E  R  A  A
N  E  U  V  R  Y  O  E  B  B  Z  D  T  O  S
D  P  M  H  E  R  F  S  L  J  R  Y  H  L  H
V  U  V  K  A  G  O  E  A  F  C  G  E  J  O
K  V  O  X  C  L  U  C  C  P  K  D  O  A  U
J  S  O  L  I  O  L  N  K  U  P  G  H  O  T
Q  T  B  Z  T  N  H  N  D  N  E  D  M  M  I
V  R  R  E  S  I  G  S  I  E  R  D  V  P  T
I  U  X  L  V  D  E  B  A  G  H  O  Z  D  O
P  T  Q  I  N  O  B  V  M  L  H  B  L  P  U
A  T  U  J  K  B  L  Y  O  D  R  T  X  L  T
L  E  Z  F  U  K  X  R  N  L  K  S  N  M  H
Y  R  C  D  S  C  O  L  D  G  I  N  C  A  W
```

ALLNIGHT
BLACKDIAMOND
COLDGIN
DEUCE
DRLOVE
FORLOVINYOU

GODOFTHUNDER
ILOVEITLOUD
LOVEGUN
ROCKCITY
ROCKNROLL
SHOCKME

SHOUTITOUT
STRUTTER

1980S HITS

```
M  F  J  T  E  E  N  A  G  E  R  I  O  T  E
I  M  Q  B  P  S  C  Z  X  D  X  W  X  J  X
D  T  R  L  M  E  T  A  L  H  E  A  L  T  H
N  S  D  N  U  O  R  D  N  A  D  N  U  O  R
I  H  E  Z  G  H  Q  N  A  H  Z  N  E  C  O
G  A  M  N  D  Q  X  M  Z  C  P  A  N  Q  E
H  K  O  D  O  O  G  O  S  S  T  R  U  H  O
T  E  I  R  E  Z  N  O  W  A  Y  O  U  T  W
B  I  O  E  T  U  R  M  V  A  I  C  X  K  P
L  T  H  F  R  E  R  E  Q  T  A  K  G  E  T
U  U  M  U  M  L  R  G  G  X  W  W  N  U  X
E  P  R  G  H  E  A  V  E  N  O  V  M  P  N
M  O  W  E  N  A  I  D  D  N  A  K  C  A  J
W  T  H  E  L  O  O  K  G  G  T  D  N  G  A
X  E  V  O  L  I  E  N  O  E  H  T  B  H  L
```

DANGERZONE
HEAVEN
HURTSSOGOOD
IWANNAROCK
JACKANDDIANE
METALHEALTH

MIDNIGHTBLUE
NOWAYOUT
REFUGEE
ROUNDANDROUND
SHAKEITUP
TEENAGERIOT

THELOOK
THEONEILOVE
URGENT

Puzzle #20

ROCK ARTISTS

```
O P G R S M H B U L A N R R E
C C J H T H E T U R T L E S I
S P R O C T E T Q G R N K I L
X U E J H A E L H A V Q M M Z
C W D R Z N O J B E V I B F W
M V J X B G N R N Y H Z F M Z
A N R U P K K Y A A L I E X I
R N N G C I R E C P O Y V R D
S G G A C S Z O B A A J N E P
V G O M E Z C C J B S P I N S
O X O M N V L Z H B X H A V E
L F P A U L W E L L E R Z U H
T E X R A N D Y N E W M A N S
A S M A S P K X L C H Q O G V
O Z Y Y P H I L C O L L I N S
```

BJORK
BOZSCAGGS
GAMMARAY
GOMEZ
JOANJETT
JOHNNYCASH

MARSVOLTA
PAPAROACH
PAULWELLER
PHILCOLLINS
RANDYNEWMAN
RED

SHELBYLYNNE
THEHIVES
THETURTLES

ROCK ARTISTS

```
C  E  B  N  C  C  B  T  S  X  X  D  J  C  T
R  O  H  O  B  P  R  O  V  I  V  R  U  S  E
P  E  U  S  N  A  N  A  I  I  O  F  V  P  N
R  T  G  N  P  N  D  U  O  X  P  C  V  I  Y
I  I  E  N  T  O  I  L  A  G  U  N  S  N  E
M  Q  G  S  I  I  O  E  A  Q  Q  P  Y  D  A
A  H  R  S  D  F  N  K  T  N  M  C  H  O  R
L  B  P  E  T  W  R  G  Y  Y  D  C  N  C  S
S  T  J  T  Y  U  F  E  C  T  L  S  N  T  A
C  Q  W  H  G  A  R  U  D  R  O  E  Y  O  F
R  D  G  U  R  D  M  T  G  W  O  O  R  R  T
E  S  A  C  O  K  E  N  S  N  O  W  T  S  E
A  C  S  H  I  G  E  V  H  E  O  P  S  H  R
M  H  B  O  E  R  I  F  N  O  H  G  I  H  K
G  M  W  V  Y  W  A  I  S  P  J  T  J  H  J
```

BADLANDS
BONNIETYLER
COUNTINGCROWS
GONG
HIGHONFIRE
JOHNMAYER

LAGUNS
NEKOCASE
POWDERFINGER
PRIMALSCREAM
SPINDOCTORS
SPOOKYTOOTH

SURVIVOR
TENYEARSAFTER
THESTRUTS

BRUCE SPRINGSTEEN

```
P  N  A  S  W  T  H  E  R  I  V  E  R  U  Y
K  V  T  S  D  W  Q  X  P  M  H  S  Z  I  Y
V  H  E  B  U  N  W  O  D  N  I  O  G  M  I
T  C  U  U  D  E  A  V  X  L  E  B  X  O  R
C  R  D  M  S  D  H  L  C  E  A  A  S  N  H
J  O  F  B  A  A  K  T  D  Y  G  C  O  F  U
U  S  V  I  P  N  K  H  N  A  J  K  Y  I  N
N  A  C  E  R  U  T  C  Q  I  B  S  F  R  G
G  L  B  O  R  N  T  O  R  U  N  T  B  E  R
L  I  K  O  W  M  H  U  U  I  U  R  V  R  Y
E  T  Q  G  O  O  E  H  W  C  M  E  O  F  H
L  A  I  U  X  H  N  B  P  A  H  E  E  B  E
A  A  T  L  A  N  T  I  C  C  I  T  Y  L  A
N  X  U  G  L  O  R  Y  D  A  Y  S  R  K  R
D  P  R  O  M  I  S  E  D  L  A  N  D  B  T
```

ATLANTICCITY	GLORYDAYS	PROMISEDLAND
BACKSTREETS	HUMANTOUCH	ROSALITA
BADLANDS	HUNGRYHEART	THERIVER
BORNINTHEUSA	IMGOINDOWN	
BORNTORUN	IMONFIRE	
COVERME	JUNGLELAND	

1970S HITS

```
D Q B K U D R E D N E R R U S
Q N A A C A T M G E W V F Z M
P N I M B A Q H O W H C Q W M
S Y U W E Y L U E N H E R W O
Y L T R E R H B A R N L J T T
C G W T E H I O E L E T P N N
H G N X E H T C L H U A Y U U
O S C O H B T N A D T N P D T
K U J A G G K N I N O O G E H
I K U X R A L C O T W N T G R
L M F O C A G C A D S O S N U
L F H H H F V N S L N U M B I
E Z B W S J D A A L B A D A U
R H M S J X B Y N B O Q B W N
G G V C O M E S A I L A W A Y
```

AMERICANWOMAN
AQUALUNG
BABYHOLDON
BANDONTHERUN
BANGAGONG

BLACKBETTY
CARAVAN
COMESAILAWAY
DUSTINTHEWIND
INTOTHEBLACK

PSYCHOKILLER
SURRENDER
THEREAPER

FLEETWOOD MAC

```
A  N  N  E  M  E  V  O  L  U  O  Y  Y  A  S
D  S  A  Y  P  T  D  I  L  B  W  T  Q  D  S
N  D  M  M  A  H  I  R  E  I  X  N  X  Z  H
C  U  O  A  O  W  V  N  I  T  E  M  H  N  P
R  D  F  N  E  W  N  L  O  B  J  X  F  Q  I
O  M  A  G  T  R  T  W  E  N  G  R  Q  T  E
J  T  C  E  N  S  D  S  O  V  N  N  P  A  C
E  H  J  F  H  I  T  P  U  R  O  A  O  O  G
X  E  R  X  P  Y  V  O  U  D  U  L  I  S  Q
O  C  L  O  F  E  M  O  P  Y  D  O  G  H  W
U  H  C  Y  X  A  M  R  L  O  Z  L  Y  I  R
L  A  N  D  S  L  I  D  E  E  F  P  O  O  B
Q  I  J  T  M  R  D  T  L  V  K  Y  S  G  G
L  N  Q  U  L  L  E  W  H  O  O  A  R  A  S
E  M  T  U  O  B  A  K  N  I  H  T  M  A  C
```

BIGLOVE
DONTSTOP
DREAMS
GOLDDUSTWOMAN
GOYOUROWNWAY
HOLDME

LANDSLIDE
MAKELOVINGFUN
OHWELL
OVERMYHEAD
RHIANNON
SARA

SAYYOULOVEME
SONGBIRD
THECHAIN
THINKABOUTME

ROCK ARTISTS

```
W A Y N E F O N T A N A X K H
K Q Y Y N I A A P M L T N W X
U E U R C Y E L T O M Z A E F
F L E E T W O O D M A C Z B N
L R L I T G L X A R H T N A E
R A S I Y X Z Q Z W Q A B A A
H N R O H H H D O X Y B B X L
Y D Y U W S B L A C K F O O T
H Y K B N T S E N I V E H T G
T R I S U Y U E Z I W X D X E
H H D E R E K T R U C K S D B
F O R S L A I C E P S E H T C
P A O W R R O V T S Y Q S X K
H D C C R E G G A J K C I M Q
M S K C A B L E K C I N S E X
```

ANTHRAX	LIT	THEVINES
BLACKFOOT	MICKJAGGER	UTWO
CYPRESSHILL	MOTLEYCRUE	WAYNEFONTANA
DEREKTRUCKS	NICKELBACK	
FLEETWOODMAC	RANDYRHOADS	
KIDROCK	THESPECIALS	

ROCK ARTISTS

```
P  Y  K  D  G  E  X  C  T  A  C  V  B  B  B
T  Q  E  R  J  O  Y  D  I  V  I  S  I  O  N
G  M  Q  R  L  O  L  T  N  L  C  N  P  P  L
H  H  N  Y  E  S  H  I  O  B  Z  I  S  Q  N
J  D  O  V  E  K  Y  N  F  V  L  Z  J  K  G
O  O  A  S  I  S  C  E  M  E  E  C  T  P  M
Y  Z  D  R  T  O  B  O  L  A  H  L  Y  Q  R
C  N  P  A  P  B  Z  I  C  D  Y  O  O  E  R
E  D  O  M  E  H  C  E  P  E  D  A  U  F  J
M  S  P  M  D  K  L  W  V  R  O  I  L  S  N
A  J  N  S  T  Y  P  E  R  C  D  J  D  L  E
N  I  Q  T  C  H  I  C  K  E  N  F  O  O  T
O  S  L  E  A  T  E  R  K  I  N  N  E  Y  B
R  C  L  I  D  V  Q  F  D  H  K  F  N  G  U
Q  S  A  N  N  O  D  E  H  T  K  U  M  M  V
```

BODIDDLEY	JOYCEMANOR	STYPER
CHICKENFOOT	JOYDIVISION	THEDONNAS
DEPECHEMODE	LIFEHOUSE	TOVELO
GHOSTBC	OASIS	
JOECOCKER	RAMMSTEIN	
JOHNMAYALL	SLEATERKINNEY	

VAN HALEN

```
D Q D W M E A N S T R E A T V
E M T O G Y L L A E R P I K I
M B H T N I Y R C S E I M A J
R U E U K U A J D D Y M T U T
U N D A E F J B N A R E H C J
N C E W U O S N O B J A E I C
N H V R Q T R H U U Q K O Z M
I A I A G N I K L A T T N I A
N I L V B R L F G F M L E X A
G N M E P H Y V U N G A O F H
W E A E I T I A W L L I N V L
I D R V U W O N T H G I R A E
T J Z E X M E R U P T I O N P
H O T F O R T E A C H E R W P
L I T T L E D R E A M E R L O
```

ABOUTLOVE
AINTTALKING
BEAUTIFULGIRL
ERUPTION
HOTFORTEACHER
ILLWAIT

IMTHEONE
JAMIESCRYIN
JUMP
LITTLEDREAMER
MEANSTREAT
PANAMA

REALLYGOTME
RIGHTNOW
RUNNINGWITH
THEDEVIL
UNCHAINED

NIRVANA

```
I  N  D  E  P  A  H  S  T  R  A  E  H  U  I
J  A  A  O  L  A  G  A  Z  W  I  G  O  J  N
T  E  B  E  K  I  L  S  L  L  E  M  S  H  E
E  S  R  O  H  J  T  D  D  U  F  C  Z  B  G
E  B  E  A  U  F  P  H  E  S  G  B  D  A  A
N  X  B  I  U  T  I  P  I  E  W  C  P  A  T
S  H  C  T  G  O  A  N  E  U  R  Y  S  M  I
P  I  X  T  Y  O  Y  G  M  I  M  B  I  Y  V
I  N  E  F  N  M  L  S  I  Z  O  S  T  N  E
R  E  V  I  L  S  O  O  A  R  Y  V  R  H  C
I  B  M  W  Q  I  G  O  P  E  L  L  G  O  R
T  C  A  E  G  N  U  O  L  A  M  W  L  T  E
P  S  O  F  P  R  F  U  H  B  L  O  F  O  E
M  A  A  Y  C  A  G  U  S  Y  N  L  C  E  P
H  P  W  M  X  Q  R  U  O  Y  N  I  A  R  D
```

ABOUTAGIRL
ALLAPOLOGIES
ANEURYSM
BREED
COMEASYOUARE
DRAINYOU

HEARTSHAPED
INBLOOM
LITHIUM
LOUNGEACT
NEGATIVECREEP
POLLY

RAPEME
SLIVER
SMELLSLIKE
TEENSPIRIT

BON JOVI

```
G  N  O  S  E  V  O  L  A  T  N  I  A  N  I
B  E  T  H  E  R  E  F  O  R  Y  O  U  X  N
F  Y  V  Y  S  S  E  F  E  G  B  X  M  P  K
L  R  B  I  B  M  O  D  I  B  X  A  D  T  D
G  D  U  A  L  A  R  R  L  L  Z  A  P  Z  N
P  I  E  N  B  A  D  A  F  O  Y  S  K  Z  G
V  N  B  E  A  Y  R  M  E  O  T  M  T  M  P
F  T  G  W  I  W  M  O  E  S  D  S  S  Y  T
U  Y  N  Z  J  H  A  E  D  D  E  E  U  T  P
Q  V  W  I  E  T  Z  Y  B  A  I  H  B  J  I
W  K  U  T  C  H  X  J  J  O  E  C  T  A  M
Q  J  V  C  Q  J  I  A  Y  O  T  D  I  N  K
Y  A  D  E  C  I  N  A  E  V  A  H  I  N  I
R  E  Y  A  R  P  N  O  N  I  V  I  L  R  E
I  N  T  H  E  S  T  R  E  E  T  S  O  X  M
```

AINTALOVESONG

BADMEDICINE

BEDOFROSES

BETHEREFORYOU

DEADORALIVE

HAVEANICEDAY

INTHESEARMS

INTHESTREETS

ITSMYLIFE

JUSTOLDER

LIVINONPRAYER

RUNAWAY

TOBEMYBABY

INSTRUMENTS

```
G  W  Y  X  R  D  V  C  F  R  O  J  N  A  B
X  O  H  N  I  G  Z  A  R  I  K  C  A  C  J
H  T  N  Y  S  B  N  T  G  E  J  N  Y  O  H
Q  V  P  A  T  V  O  R  I  R  A  T  I  U  G
A  M  P  L  I  F  I  E  R  T  B  A  S  S  M
E  Q  N  A  I  P  R  L  O  R  W  O  N  T  F
A  N  X  S  W  Q  X  F  U  S  O  H  L  I  X
R  N  O  D  R  U  M  S  L  A  B  M  Y  C  J
L  V  B  H  S  E  X  V  I  Y  P  F  J  Z  J
O  F  K  R  P  Y  K  U  S  F  I  S  X  V  N
S  D  H  H  X  O  Q  A  Y  V  S  N  E  A  D
D  Z  K  L  U  R  R  Q  E  R  V  I  G  L  U
S  Z  G  O  Q  E  Y  C  B  P  V  A  K  V  H
J  M  Y  C  X  P  K  X  I  J  S  Z  S  E  N
X  N  M  Y  V  G  N  W  J  M  O  W  C  O  K
```

ACOUSTIC	DRUMS	PIANO
AMPLIFIER	FLYINGV	SPEAKERS
BANJO	GUITAR	SYNTH
BASS	LESPAUL	
CYMBALS	MICROPHONE	

ROCK ARTISTS

```
J  Y  P  P  U  P  Y  N  N  I  K  S  J  X  T
E  O  D  N  E  H  S  N  W  O  T  T  U  Q  K
X  V  H  E  M  Z  T  A  J  M  A  H  A  L  H
M  B  O  N  A  D  M  E  H  C  G  G  F  E  E
N  E  X  M  L  D  H  T  B  I  R  Q  F  O  T
L  O  N  N  E  E  B  G  D  N  A  Y  S  N  E
V  E  M  A  B  H  N  Y  A  L  M  R  Y  A  D
X  X  N  E  T  M  T  N  A  V  P  O  I  R  N
L  T  G  E  L  W  U  P  O  P  A  P  F  D  U
I  R  B  S  U  D  O  X  E  N  R  U  E  C  G
V  E  O  B  M  A  N  R  Y  F  S  I  J  O  E
Z  M  M  P  K  A  N  I  K  W  O  H  L  H  N
R  E  T  S  Y  O  E  U  L  B  N  I  O  E  T
K  Y  G  W  Z  C  W  R  H  B  S  Z  U  N  N
H  V  K  F  W  O  F  S  C  T  S  I  R  A  C
```

BLINDLEMON
BLUEOYSTER
CREAM
DEADBYAPRIL
EXODUS
EXTREME

GRAMPARSONS
JOHNLENNON
LEONARDCOHEN
MENATWORK
SKINNYPUPPY
TAJMAHAL

TEDNUGENT
THEMOVE
TOWNSHEND

GENRES

```
F  J  Q  D  I  X  X  F  H  O  H  C  X  B  P
C  L  T  B  Z  T  Q  V  G  L  J  D  E  T  S
L  H  I  A  Y  I  U  Y  N  B  A  H  F  N  Y
H  Z  A  I  U  N  A  W  E  P  Z  T  C  T  C
F  D  N  L  X  D  Q  H  W  N  Z  L  E  Y  H
E  C  E  L  T  I  C  Z  W  J  R  I  M  M  E
E  L  I  V  B  E  E  R  A  E  O  F  D  T  D
T  A  G  H  I  U  R  S  V  E  C  J  B  R  E
P  S  T  R  T  S  E  N  E  T  K  J  S  O  L
A  S  V  U  U  O  E  I  A  U  Y  F  C  X  I
E  I  O  W  F  N  G  R  F  T  L  H  D  L  C
F  C  N  G  O  U  G  L  G  O  I  B  A  W  D
W  W  B  L  L  F  N  E  G  O  P  V  Q  I  C
D  B  J  V  K  G  E  K  P  E  R  G  E  I  V
S  F  Z  A  T  T  D  D  K  N  U  P  K  J  A
```

ALTERNATIVE
BLUES
CELTIC
CLASSIC
FOLK
FUNK

GOTHIC
GRUNGE
INDIE
JAZZROCK
METAL
NEWWAVE

PROGRESIVE
PSYCHEDELIC
PUNK

THE BEATLES

```
L U C Y I N T H E S K Y Y T L
W E C O M E S T H E S U N B S
D N A H R U O Y D L O H U M Y
G E D U J Y E H X K S D C T X
Z H G R E H T E G O T E M O C
D U E F I L E H T N I Y A D M
I B K G E B T I T E L H W W T
N W E T I C K E T T O R I D E
M P Z R E V V C W H J K N K N
Y B G I R R O N A E L E N F X
L E T T J F C N P L E H H Y G
I G E V O L E M Y U B T N A C
F W Y U D P E N N Y L A N E H
E G G E N T L Y W E E P S N Q
S H A R D D A Y S N I G H T V
```

BLACKBIRD
CANTBUYMELOVE
COMESTHESUN
COMETOGETHER
DAYINTHELIFE
ELEANORRIGBY
GENTLYWEEPS

HARDDAYSNIGHT
HELP
HEYJUDE
HOLDYOURHAND
INMYLIFE
LETITBE
LUCYINTHESKY

PENNYLANE
TICKETTORIDE

ROCK ARTISTS

```
W  M  R  O  M  A  N  T  I  C  S  I  Q  H  K
A  N  O  C  A  E  D  N  H  O  J  X  M  R  T
V  G  J  N  R  T  A  H  G  O  F  S  P  J  R
D  P  E  P  L  A  C  E  B  O  I  U  H  K  C
P  D  D  A  E  H  S  I  T  R  O  P  E  L  M
Y  M  P  S  R  A  T  S  E  E  S  I  Z  P  H
I  D  Q  H  U  S  K  E  R  D  U  B  Q  P  L
C  O  U  R  T  N  E  Y  L  O  V  E  S  P  P
X  M  K  F  F  Z  S  T  I  Y  G  M  V  R  T
T  E  E  L  F  N  A  V  A  T  E  R  G  Y  T
U  R  T  K  L  Y  F  G  I  U  H  E  C  V  G
S  E  K  A  H  S  A  M  A  B  A  L  A  G  E
F  D  J  N  I  L  P  O  J  S  I  N  A  J  U
X  V  S  S  E  S  O  R  N  S  N  U  G  B  U
A  D  E  E  R  C  A  H  X  U  O  E  J  M  T
```

ALABAMASHAKES	GRETAVANFLEET	PLACEBO
ASIA	GUNSNROSES	PORTISHEAD
COURTNEYLOVE	HUSKERDU	ROMANTICS
CREED	ISEESTARS	
DUFFY	JANISJOPLIN	
FOGHAT	JOHNDEACON	

ROCK ARTISTS

```
R  M  S  E  U  L  B  Y  D  O  O  M  F  N  P
O  N  L  Y  M  A  T  I  E  F  D  K  F  U  P
L  I  R  S  J  U  R  R  L  H  R  D  P  T  B
L  N  Y  Z  K  B  Y  E  A  L  F  K  L  H  K
I  E  T  Z  H  I  A  G  T  F  Y  U  B  E  Z
N  I  N  E  O  L  D  P  L  N  F  I  K  D  X
G  N  R  C  H  R  I  S  R  E  A  I  D  O  Y
S  C  E  M  O  F  C  M  L  I  N  P  C  O  S
T  H  P  G  Y  U  T  L  A  U  L  G  E  R  L
O  N  O  B  L  A  C  K  C  R  O  W  E  S  Z
N  A  E  A  R  T  H  W  I  N  D  F  I  R  E
E  I  T  Y  E  G  N  H  B  K  N  A  D  N  E
S  L  M  F  P  A  T  B  E  N  A  T  A  R  E
E  S  E  U  G  O  P  E  H  T  T  J  G  L  O
Y  P  R  E  T  E  N  D  E  R  S  P  H  C  L
```

APRILWINE
BILLYIDOL
BLACKCROWES
CHRISREA
EARTHWINDFIRE
MOODYBLUES

NINEINCHNAILS
PANTERA
PATBENATAR
PRETENDERS
ROLLINGSTONES
SKIDS

THEDOORS
THEPOGUES
TRAFFIC

ROCK ARTISTS

```
H  S  A  E  N  O  B  H  S  I  W  K  T  K  Z
T  G  N  L  J  O  E  S  A  T  R  I  A  N  I
R  B  F  J  I  H  M  R  A  O  D  W  Y  S  D
D  A  U  F  F  C  T  Y  U  X  W  V  H  W  T
C  E  T  O  R  A  E  L  C  R  E  V  E  O  H
J  I  A  S  D  F  N  I  K  U  H  T  H  X  E
E  C  L  D  G  O  W  T  N  E  Z  H  X  U  S
R  B  I  B  K  I  N  O  O  C  F  T  L  I  T
W  M  K  S  U  E  B  Z  O  M  H  P  I  H  O
L  K  H  R  U  P  N  U  F  I  A  A  R  H  O
J  O  O  G  E  M  E  N  D  R  X  S  I  F  G
T  S  Z  M  E  I  Y  R  E  G  B  E  C  N  E
N  J  B  I  B  G  N  X  E  D  I  K  S  Z  S
A  M  G  A  U  B  T  X  O  N  Y  E  B  K  J
V  N  W  Q  H  F  K  Z  S  R  O  S  U  Z  S
```

ALICEINCHAINS	INXS	THESTOOGES
BIGSTAR	JOESATRIANI	WISHBONEASH
BUDGIE	NODOUBT	
DEADKENNEDYS	ONEREPUBLIC	
EVERCLEAR	ROXYMUSIC	
FANTOMAS	TEXAS	

ROCK ARTISTS

```
M  Q  C  K  N  I  A  B  O  C  T  R  U  K  D
T  E  Q  P  C  E  Y  L  S  B  O  O  F  W  C
G  A  T  M  T  Y  M  W  S  U  M  O  F  I  R
U  I  E  R  E  H  S  Y  T  E  S  N  Z  P  P
E  N  E  R  I  V  E  U  A  B  T  F  X  N  H
S  W  D  R  H  C  R  K  A  W  L  R  A  S  K
K  O  P  E  O  T  D  E  I  H  H  F  Z  O  A
L  O  R  R  R  M  R  T  V  L  U  G  F  X  Z
S  O  J  B  O  T  O  O  S  E  L  A  I  W  M
S  C  Q  A  N  W  O  N  N  I  H  E  B  H  L
O  V  J  S  Y  A  Q  N  H  I  T  T  R  E  X
E  C  I  N  O  T  M  L  E  T  M  R  Q  S  S
E  A  U  R  R  H  O  L  J  S  I  W  A  L  F
Z  L  Q  Y  D  O  N  A  L  D  F  A  G  E  N
R  V  E  T  Z  D  K  L  G  A  M  Y  F  R  H
```

ALLMANBROS
BAUHAUS
DONALDFAGEN
FAITHNOMORE
HEARTIST
HIGHWAYMEN

KORN
KURTCOBAIN
METRIC
MINORTHREAT
TESLA
THEKILLERS

THEVERVE
TONIC
UNDERTONES

ROCK ARTISTS

```
R  N  T  H  E  G  A  P  B  A  N  D  J  T  R
S  E  E  E  B  E  C  G  X  H  V  C  I  W  G
W  L  T  S  L  V  T  N  O  C  L  R  M  S  W
E  V  G  A  N  P  Z  I  N  H  P  C  M  Z  B
T  N  K  I  E  A  R  Q  H  T  E  P  Y  W  Y
W  R  O  R  Z  H  H  U  X  W  G  C  P  Y  A
I  B  A  E  E  N  T  K  P  Q  T  R  A  T  T
L  J  D  W  L  H  A  M  C  P  W  A  G  P  L
L  M  B  T  E  F  T  D  A  E  E  Q  E  T  S
I  Y  V  X  H  T  O  E  A  E  B  E  T  R  I
E  V  G  P  A  E  S  S  E  L  R  C  D  S  G
G  Q  S  F  R  O  C  D  G  S  W  D  X  J  O
Z  Y  E  E  H  N  G  U  O  N  I  L  Y  E  Z
V  D  B  S  I  O  B  Q  L  R  I  Z  X  H  A
R  O  B  E  R  T  W  Y  A  T  T  K  C  P  C
```

BECKHANSEN	KINGSOFLEON	THECULT
DANZIG	RATT	THEGAPBAND
DEEPPURPLE	ROBERTWYATT	WETWILLIE
DREAMTHEATER	RODSTEWART	
GREATWHITE	SEETHER	
JIMMYPAGE	SPACEHOG	

1990S HITS

```
N  E  V  A  E  H  N  I  S  R  A  E  T  B  D
Q  Y  A  T  F  C  D  P  M  Q  H  N  F  W  M
F  I  A  Q  Q  R  G  L  L  K  N  G  F  I  F
M  T  M  D  Z  P  E  U  D  L  J  N  K  O  J
E  G  A  T  O  B  A  S  A  U  O  V  V  F  L
S  O  N  M  H  T  E  H  O  U  A  C  C  N  N
E  M  A  N  E  H  T  N  I  L  L  I  K  A  W
F  Y  O  D  F  E  L  S  W  Q  B  R  I  B  E
A  O  I  O  Y  L  T  U  O  T  R  D  Q  T  J
E  P  Q  T  T  R  Y  S  D  N  X  J  V  U  E
V  V  Z  B  L  H  E  A  E  E  G  W  Y  F  U
D  A  I  R  I  S  E  S  W  F  A  T  A  G  Z
E  Z  B  R  X  I  G  F  O  A  L  P  W  G  K
D  B  U  D  D  Y  H  O  L  L  Y  E  J  O  L
W  O  N  D  E  R  W  A  L  L  C  W  S  W  Z
```

BUDDYHOLLY

CLOSER

DRIVE

FLYAWAY

IRIS

KILLINTHENAME

LOSER

PLUSH

SABOTAGE

SELFESTEEM

SMOOTH

SONGTWO

TEARSINHEAVEN

TODAY

WONDERWALL

HEART

```
U  N  S  M  A  E  R  D  E  S  E  H  T  K  T
D  F  O  V  S  P  H  K  Y  N  I  V  E  I  E
E  N  Q  T  K  E  J  Q  E  F  E  Q  L  C  M
V  N  I  C  H  B  L  I  J  V  D  V  D  K  A
E  P  H  W  R  G  M  C  L  N  Q  U  K  I  K
N  K  S  G  L  A  I  A  X  C  U  Y  U  T  E
I  H  R  L  U  A  Z  A  G  R  N  L  B  O  L
T  F  E  E  A  O  R  Y  R  I  E  B  A  U  O
U  Q  K  A  V  M  T  T  O  T  C  B  R  T  V
P  G  M  C  R  E  I  O  S  N  S  M  R  Y  E
A  J  X  T  D  T  N  N  S  I  Y  F  A  F  T
B  A  X  I  G  H  L  O  A  T  M  O  C  N  O
G  Q  P  I  T  Y  K  E  L  D  N  S  U  I  Y
J  I  N  H  K  T  L  P  S  A  A  I  D  L  O
O  R  X  H  C  A  U  W  U  S  M  B  A  I  U
```

AINTSOTOUGH
ALONE
BADANIMALS
BARRACUDA
CRAZYONYOU
EVENITUP

HEARTLESS
KICKITOUT
MAGICMAN
MAKELOVETOYOU
MISTRALWIND
NEVER

STRAIGHTON
THESEDREAMS

ROCK ARTISTS

```
N  N  N  D  M  P  L  A  S  M  A  T  I  C  S
Q  Q  P  K  L  T  W  G  D  T  W  T  S  Z  W
I  X  T  M  O  D  K  H  R  I  A  V  A  O  N
E  T  H  E  C  R  I  B  S  T  C  T  E  Y  I
L  Q  G  E  N  T  L  E  G  I  A  N  T  R  W
V  Y  P  I  J  Q  L  K  E  A  N  E  A  P  S
I  N  O  S  A  E  S  D  A  M  E  L  W  R  P
S  C  J  Q  K  R  W  S  L  I  P  K  N  O  T
P  K  I  N  G  D  I  A  M  O  N  D  U  P  L
R  P  L  T  B  G  T  I  Z  R  U  E  V  F  P
E  O  O  T  H  B  C  L  C  R  D  R  P  I  P
S  I  T  U  L  I  H  F  M  C  F  W  E  E  N
L  R  E  H  T  O  M  F  L  O  W  R  N  E  P
E  C  W  J  U  D  A  S  P  R  I  E  S  T  D
Y  S  I  N  E  A  D  O  C  O  N  N  O  R  K
```

ELVISPRESLEY

GENTLEGIANT

JUDASPRIEST

KEANE

KILLSWITCH

KINGDIAMOND

LOUREED

MADSEASON

PLASMATICS

RANCID

SINEADOCONNOR

SLIPKNOT

THECRIBS

WEEN

WOLFMOTHER

ELVIS PRESLEY

```
Z  M  A  E  R  D  N  A  C  I  F  I  B  H  Y
S  G  K  C  O  R  E  S  U  O  H  L  I  A  J
E  O  H  S  E  D  E  U  S  E  U  L  B  P  N
R  G  B  U  R  N  I  N  G  L  O  V  E  J  K
N  N  L  O  V  E  M  E  T  E  N  D  E  R  Z
O  Q  K  R  B  A  L  L  S  H  O  O  K  U  P
A  R  E  V  E  N  R  O  W  O  N  N  U  L  Y
Z  Z  T  I  X  T  R  L  Q  U  B  T  S  W  L
O  T  T  E  H  G  E  H  T  N  I  B  Z  W  K
D  U  R  R  L  E  D  X  L  D  J  E  O  G  U
E  F  O  N  M  Y  M  I  N  D  N  C  A  P  W
S  H  E  U  L  B  Y  D  O  O  M  R  R  S  L
K  W  M  P  P  F  Z  K  Z  G  Q  U  U  M  Q
G  N  I  A  R  Y  K  C  U  T  N  E  K  X  L
K  E  V  O  L  N  I  G  N  I  L  L  A  F  T
```

ALLSHOOKUP
BLUESUEDESHOE
BURNINGLOVE
DONTBECRUEL
FALLINGINLOVE
HOUNDDOG

IFICANDREAM
INTHEGHETTO
JAILHOUSEROCK
KENTUCKYRAIN
LOVEMETENDER
MOODYBLUE

NOWORNEVER
ONMYMIND

ROCK ARTISTS

```
F  J  U  E  T  A  F  L  U  F  Y  C  R  E  M
H  U  O  N  A  I  Q  N  H  I  Q  A  A  E  D
D  Z  T  E  A  W  K  X  Q  J  Z  Z  H  T  Y
R  N  D  D  W  E  D  Z  L  Z  C  O  E  S  E
O  D  A  R  Q  A  L  W  I  V  V  I  V  E  A
W  Q  N  P  A  D  L  C  J  B  U  B  N  P  S
N  E  U  A  A  H  C  S  M  H  P  U  I  E  Y
I  W  G  Z  E  J  C  F  H  N  B  M  C  A  B
N  R  O  A  K  W  X  I  E  R  O  Q  I  R  E
G  L  D  D  I  S  T  U  R  B  E  D  X  L  A
P  X  S  O  N  Y  Q  D  I  F  F  E  A  J  T
O  R  M  D  P  S  K  T  Z  B  F  J  G  A  S
O  U  A  N  H  B  O  H  J  Y  Q  I  T  M  T
L  A  C  Z  S  V  A  C  I  T  S  A  L  E  B
U  F  K  N  X  G  F  R  U  E  C  H  I  C  L
```

CLIFFRICHARD   ELASTICA   XJAPAN

DISTURBED   GODSMACK

DONMCLEAN   JOEWALSH

DOWN   LIMPBIZKIT

DROWNINGPOOL   MERCYFULFATE

EASYBEATS   PEARLJAM

RADIOHEAD

```
T  R  E  C  K  O  N  E  R  R  P  R  J  I  N
E  V  A  O  D  Y  P  W  F  E  J  B  V  S  L
P  U  A  I  O  I  R  B  O  A  Z  O  R  T  N
F  C  Q  A  H  H  O  D  L  D  E  V  K  R  Z
V  P  C  E  T  M  L  N  D  U  T  B  W  E  R
W  V  H  J  T  S  U  J  A  N  C  E  P  E  Y
P  E  C  I  L  O  P  A  M  R  A  K  L  T  P
U  G  O  H  C  H  I  J  H  B  A  H  Y  S  D
A  W  Q  N  J  P  E  D  R  J  Y  P  G  P  R
J  F  D  R  R  J  E  X  I  T  M  U  S  I  C
S  E  S  I  R  P  R  U  S  O  N  Z  G  R  H
O  T  Z  T  W  F  B  P  E  E  R  C  D  I  K
P  Y  R  A  M  I  D  S  O  N  G  D  L  T  O
S  E  E  R  T  C  I  T  S  A  L  P  N  B  O
M  T  B  R  N  J  D  E  E  N  I  L  L  A  U
```

ALLINEED
ANDROID
CREEP
EXITMUSIC
HIGHANDDRY
IDIOTEQUE

JUST
KARMAPOLICE
LETDOWN
LUCKY
NOSURPRISES
PARANOID

PLASTICTREES
PYRAMIDSONG
RECKONER
STREETSPIRIT

ROCK ARTISTS

```
D  A  E  H  R  O  T  O  M  Q  B  O  O  K  K
T  Y  R  E  T  S  I  S  D  E  T  S  I  W  T
Q  T  Y  C  V  T  B  X  I  Q  O  R  J  P  N
N  R  P  Q  N  Y  T  R  A  M  N  H  O  J  B
S  R  E  D  N  E  B  D  N  I  M  P  U  H  I
E  H  R  N  O  C  Q  Z  H  G  O  Y  R  A  S
U  D  B  G  C  V  N  L  U  U  Q  K  N  R  M
Z  F  O  S  D  L  O  F  N  E  B  Y  E  V  A
W  C  Y  G  A  L  N  G  T  N  C  S  Y  E  L
L  I  T  A  F  O  R  D  E  V  W  Z  I  Y  L
B  H  T  E  P  O  H  S  R  O  U  S  O  I  F
G  T  A  A  Y  Q  B  E  T  G  Z  W  E  D  A
B  R  J  Z  N  I  D  M  I  U  O  I  C  W  C
R  E  M  L  A  P  D  N  A  E  K  A  L  K  E
A  W  I  L  L  I  E  N  E  L  S  O  N  R  S
```

BENFOLDS

ENVOGUE

IANHUNTER

JOHNMARTYN

JOURNEY

LAKEANDPALMER

LAMBOFGOD

LITAFORD

MINDBENDERS

MOTORHEAD

OPETH

PJHARVEY

SMALLFACES

TWISTEDSISTER

WILLIENELSON

ACDC

```
E  G  A  T  L  O  V  H  G  I  H  H  Q  Q  S
J  A  I  L  B  R  E  A  K  T  T  I  N  O  H
Q  Q  R  E  L  W  O  R  P  T  H  G  I  N  O
T  Q  S  H  O  O  K  M  E  H  B  H  M  W  O
A  U  K  Y  E  M  B  N  L  E  A  W  O  H  T
S  D  B  S  Y  L  X  D  G  J  C  A  N  O  T
I  D  M  U  T  M  L  Z  X  A  K  Y  E  M  O
W  Q  E  F  H  A  R  S  I  C  I  T  Y  A  T
K  Q  J  E  U  J  G  I  B  K  N  O  T  D  H
W  E  O  E  D  S  Y  R  S  E  B  H  A  E  R
Y  W  A  N  Q  Y  Y  V  R  E  L  E  L  W  I
I  T  S  U  Z  W  T  Q  C  W  A  L  K  H  L
I  Y  N  H  Z  W  F  R  C  H  C  L  S  O  L
L  O  T  T  A  R  O  S  I  E  K  F  E  A  R
Y  K  C  U  R  T  S  R  E  D  N  U  H  T  Q
```

BACKINBLACK	LOTTAROSIE	THUNDERSTRUCK
DIRTYDEEDS	MONEYTALKS	TNT
HELLSBELLS	NIGHTPROWLER	WHOMADEWHO
HIGHVOLTAGE	SHOOKME	
HIGHWAYTOHELL	SHOOTTOTHRILL	
JAILBREAK	THEJACK	

1970S HITS

```
W  O  K  U  O  E  G  R  T  B  Q  B  E  Q  H
R  E  C  N  A  D  Y  C  N  I  T  C  B  G  R
N  N  Q  S  H  R  E  D  I  R  W  O  L  N  O
T  H  E  J  O  K  E  R  L  K  A  M  I  E  C
R  T  A  Y  Z  Q  Z  R  F  E  M  V  T  O  K
T  U  O  B  A  D  N  U  O  R  Y  A  Z  O  L
P  T  U  O  S  L  O  O  H  C  S  E  K  J  O
U  C  K  D  C  U  L  R  I  G  H  O  R  I  B
W  S  W  A  E  O  G  K  O  V  A  F  I  O  S
R  O  C  K  E  T  M  A  N  I  R  H  E  X  T
U  E  V  O  L  R  A  D  A  R  O  R  G  H  E
Y  Y  K  S  Z  A  F  C  E  J  N  L  B  A  R
B  X  J  F  Y  Z  C  E  N  I  A  C  O  C  I
N  J  P  V  S  I  Q  M  L  L  I  U  P  M  Y
P  F  Z  V  H  L  J  G  Y  Z  M  J  H  J  C
```

BLITZKRIEGBOP
COCAINE
LEFREAK
LOWRIDER
MYSHARONA
OHGIRL

OHIO
RADARLOVE
ROCKETMAN
ROCKLOBSTER
ROUNDABOUT
SCHOOLSOUT

THEJOKER
TINCYDANCER
YMCA

GUITARISTS

```
B  C  Q  L  A  B  F  Q  X  A  S  N  G  P  M
C  H  U  C  K  B  E  R  R  Y  A  Z  O  E  R
K  E  C  A  J  K  I  W  S  B  W  N  K  R  Z
E  N  T  D  G  I  C  R  U  G  Z  C  N  I  K
I  J  O  U  M  N  M  E  Y  G  B  R  M  C  W
T  I  I  S  L  G  I  M  B  I  E  P  G  C  P
H  M  Z  V  E  U  T  K  Y  F  S  Y  C  L  N
R  I  Q  G  Z  F  A  H  R  P  F  I  K  A  L
I  H  S  A  L  S  I  P  W  E  A  E  N  P  U
C  E  H  M  K  C  R  L  S  Y  B  G  J  T  I
H  N  E  C  Q  L  G  R  X  E  V  L  E  O  S
A  D  R  G  X  N  Q  L  Z  E  L  B  A  N  A
R  R  R  D  A  V  I  D  G  I  L  M  O  U  R
D  I  Q  N  A  M  L  L  A  E  N  A  U  D  E
S  X  E  D  D  I  E  V  A  N  H  A  L  E  N
```

ALBERKING	EDDIEVANHALEN	LESPAUL
ALEXLIFESON	ERICCLAPTON	SLASH
BBKING	JEFFBECK	
CHUCKBERRY	JIMIHENDRIX	
DAVIDGILMOUR	JIMMYPAGE	
DUANEALLMAN	KEITHRICHARDS	

1970S HITS

```
T  S  S  E  E  N  N  O  T  H  I  N  Y  E  T
Z  W  H  Q  W  O  N  T  H  G  I  R  L  L  A
V  R  S  U  L  T  A  N  O  F  S  W  I  N  G
A  P  L  N  O  G  N  I  O  G  S  T  A  H  W
E  M  N  O  N  A  E  L  W  G  Q  E  Q  E  R
X  N  E  E  U  Q  G  N  I  C  N  A  D  K  V
H  E  A  R  T  O  F  G  L  A  S  S  Y  N  W
S  T  A  Y  I  N  A  L  I  V  E  N  B  R  H
I  Z  F  D  D  C  S  R  O  Y  Z  L  V  G  G
E  M  B  E  H  E  A  R  T  O  F  G  O  L  D
Y  L  A  Y  L  A  R  N  A  M  O  N  A  I  P
Q  Q  I  G  W  U  H  J  P  D  N  D  Z  B  D
P  U  M  Z  I  G  S  E  M  I  T  D  O  O  G
X  I  X  F  J  N  W  I  B  A  E  S  K  U  W
K  D  K  Q  A  E  E  G  N  O  S  R  U  O  Y
```

ALLRIGHTNOW
AMERICANPIE
DANCINGQUEEN
GOODTIMES
HEARTOFGLASS
HEARTOFGOLD

IMAGINE
LAYLA
LEANONME
PIANOMAN
SEENNOTHINYET
STAYINALIVE

SULTANOFSWING
WHATSGOINGON
YOURSONG

THE WHO

```
L V E N U T N I G N I T T E G
E E S N I W R R F P F W D E P
B M X E I U S J G B I J B A I
T I R M L A H U K I V F M L N
R N U E S I L E B E E N R P B
E E B O O X M P B C F X H Y A
Q N K L Y N E R X H I D P B L
R C O E U E G M O E F G X Z L
N E F K E E R I L F T G A K W
U F P U C S E A E A E N A M I
S R O Y G I E Y O R E E A O Z
E O F G U J U H E H N R S C A
T N S X H R L Q T S W H E P R
K T Y E L I R O A B A B R H D
M Y G E N E R A T I O N W U T
```

AQUICKONE
BABAORILEY
BLUEEYES
CANTEXPLAIN
EMINENCEFRONT
FIVEFIFTEEN

GETTINGINTUNE
MAGICBUS
MYGENERATION
PINBALLWIZARD
REIGNOERME
SEEFORMILES

THEREALME
THESEEKER
WHOAREYOU

ROCK ARTISTS

```
V  V  V  T  H  E  W  A  L  K  M  E  N  X  X
G  J  L  N  R  G  T  D  X  X  N  P  T  Z  D
W  U  W  J  O  W  K  E  R  W  P  C  H  L  J
R  B  K  D  Y  S  T  E  S  T  A  M  E  N  T
E  B  G  S  L  E  N  E  S  I  V  A  R  T  W
B  N  I  R  Y  I  N  H  G  T  C  V  Y  Y  M
C  R  Y  D  E  O  W  O  O  J  X  E  Y  Q  X
T  L  E  A  O  E  B  G  H  J  N  M  B  N  Q
K  O  S  V  V  H  N  E  N  D  K  F  E  Q  P
K  X  E  E  C  D  W  D  I  I  U  C  F  V  I
I  F  D  M  V  Q  U  E  A  T  N  M  A  J  N
S  V  B  A  F  O  N  M  H  Y  S  N  X  J  H
E  B  D  S  G  O  D  X  J  T  A  A  U  E  H
W  J  S  O  F  B  O  B  B  Y  V  E  E  R  P
R  J  Q  N  M  B  R  E  G  E  S  B  O  B  M
```

BEASTIEBOYS	GREENDAY	THEWALKMEN
BOBBYVEE	JACKJOHNSON	THEWHO
BOBSEGER	MUDHONEY	TRAVIS
DAVEMASON	MUDVAYNE	
DOVES	RUNNINGWILD	
EMF	TESTAMENT	

1980S HITS

```
R  E  G  I  T  E  H  T  F  O  E  Y  E  N  O
Q  L  H  E  R  E  I  G  O  A  G  A  I  N  T
G  O  R  E  B  E  L  Y  E  L  L  T  K  C  A
N  V  F  R  E  E  F  A  L  L  I  N  I  Y  I
X  E  C  A  V  C  A  E  R  N  S  J  K  X  N
G  R  E  Z  C  I  Y  T  I  P  I  H  W  X  T
R  O  W  L  W  E  S  X  I  V  I  O  Q  B  E
D  C  V  Z  I  W  O  T  N  T  V  Z  Y  N  D
L  K  H  F  M  E  O  F  H  U  D  Q  V  O  L
I  N  V  T  N  B  N  E  S  I  H  J  H  K  O
L  R  E  H  I  B  A  O  I  P  S  G  C  N  V
Y  O  L  R  H  P  Q  U  E  C  A  L  L  M  E
G  L  H  X  Z  F  N  D  R  M  N  C  O  S  Z
A  L  O  V  E  S  H  A  C  K  O  G  E  V  E
L  R  I  G  S  E  I  S  S  E  J  C  U  S  E
```

ACEOFSPACES

BEATIT

CALLME

COMEONEILEEN

EYEOFTHETIGER

FREEFALLIN

HEREIGOAGAIN

ISTHISLOVE

JESSIESGIRL

LOVEROCKNROLL

LOVESHACK

REBELYELL

TAINTEDLOVE

WHIPIT

Puzzle #53

DAVID BOWIE

```
Z  I  G  G  Y  S  T  A  R  D  U  S  T  S  R
E  R  U  S  S  E  R  P  R  E  D  N  U  P  E
R  F  I  V  E  Y  E  A  R  S  W  T  F  A  B
M  A  E  D  X  H  A  O  M  O  H  A  N  C  E
O  S  T  S  J  T  S  E  H  N  R  U  T  E  L
D  U  S  S  E  G  N  A  H  C  O  B  N  O  R
E  F  L  T  K  M  C  Z  O  G  H  E  B  D  E
R  F  E  H  J  C  A  F  N  T  H  C  F  D  B
N  R  T  J  N  P  A  F  D  F  S  Q  L  I  E
L  A  S  E  Z  A  N  L  N  J  G  E  Q  T  L
O  G  D  E  D  X  M  B  B  V  X  B  H  Y  N
V  E  A  P  O  B  G  R  G  Z  X  D  A  S  S
E  T  N  G  L  R  I  G  A  N  I  H  C  G  A
R  T  C  M  T  J  E  X  Q  T  N  J  N  Q  R
Y  E  E  F  M  P  F  H  N  R  S  S  N  Y  D
```

ASHESTOASHES
BLACKSTAR
CHANGES
CHINAGIRL
FAME
FIVEYEARS

HEROES
LETSDANCE
LIFEONMARS
MODERNLOVE
REBELREBEL
SPACEODDITY

STARMAN
SUFFRAGETTE
UNDERPRESSURE
ZIGGYSTARDUST

Puzzle #54

ROCK ARTISTS

```
T  M  M  R  E  L  L  I  M  E  V  E  T  S  C
H  O  U  S  E  O  F  P  A  I  N  R  H  Z  P
R  T  Q  Q  H  K  I  F  O  V  V  H  E  G  Q
Z  H  E  J  A  B  Z  E  A  P  Y  B  K  S  W
Z  E  X  H  L  G  Y  N  T  C  Y  O  I  N  Z
X  V  Y  S  F  D  N  G  G  U  E  G  N  K  I
M  E  X  V  O  L  I  A  A  W  C  S  G  S  O
V  N  X  B  R  R  U  S  L  R  U  G  S  I  R
J  T  W  N  D  I  B  S  T  Y  D  A  M  L  S
O  U  S  E  R  I  G  E  H  I  N  Z  E  T  U
O  R  E  M  O  G  W  A  I  Q  L  N  N  Q  W
X  E  C  L  J  X  F  I  O  B  Y  L  O  T  J
Z  S  A  M  O  H  T  B  O  R  O  Y  E  J  W
O  U  W  F  D  H  K  P  Q  Y  C  O  S  R  P
T  Y  E  C  R  O  F  N  O  G  A  R  D  U  S
```

DISTILLERS   HOUSEOFPAIN   STEVEMILLER

DOOBIEBROS   IGGYPOP   THEKINGSMEN

DRAGONFORCE   JONNYLANG   THEVENTURES

FACES   LUSH

HALFORD   MOGWAI

HOLE   ROBTHOMAS

ALBUMS

```
B E R U T R E V O T F E L I C
S R E G N I F Y K C I T S F G
U J I O R M V K R B S P K A V
B V L O N D O N C A L L I N G
Y O M U B L A K C A L B Y N P
L J R E U R D O O K I E P M A
R A Z N K U E K R R C Z J Y R
E T I Y I N J T K Y S O I Q A
V I T R Z N E Q U Q E Y R Y N
O Q H U E Z T L V P J B X N O
L J E M K T U H A J M Y B W I
V E W O X J S E E H E O Y A D
E F A U J X D Y O U N M C J M
R R L R N Y Q A H E S A M K P
Z I L S T I G N Z Y C A V L O
```

ABBEYROAD

BLACKALBUM

BORNINTHEUSA

DOOKIE

HYSTERIA

INROCK

LEFTOVERTURE

LONDONCALLING

OKCOMPUTER

PARANOID

REVOLVER

RUMOURS

STICKYFINGERS

THEWALL

VANHALEN

ROCK ARTISTS

```
T  S  E  L  C  A  R  I  M  E  H  T  X  J  R
M  A  V  U  Z  S  G  U  R  D  N  O  R  A  W
Y  N  E  M  H  S  A  R  T  E  H  T  E  S  E
G  T  B  D  L  Q  W  Q  K  U  Y  C  D  P  I
T  A  S  D  A  E  H  R  E  S  A  R  E  E  S
H  N  X  O  P  B  M  C  E  T  N  G  O  L  R
E  A  V  R  I  L  L  A  V  I  G  N  E  L  E
C  N  Y  I  O  D  R  S  C  A  Q  I  Q  B  E
R  H  O  J  K  X  U  J  E  U  W  Y  Y  L  E
A  P  W  B  S  P  V  A  B  Z  O  B  F  A  Q
M  Z  S  N  D  K  I  N  G  S  M  E  N  S  N
P  X  D  T  D  E  P  P  O  I  S  O  N  T  J
S  A  L  F  W  P  R  W  H  M  B  O  C  V  N
D  E  A  D  B  Y  S  U  N  R  I  S  E  V  I
T  H  E  O  F  F  S  P  R  I  N  G  O  Z  G
```

AVRILLAVIGNE
BIGAUDIO
CAMEL
DEADBYSUNRISE
ERASERHEADS
KINGSMEN

POISON
REDBONE
SANTANA
SPELLBLAST
THECRAMPS
THEMIRACLES

THEOFFSPRING
THETRASHMEN
WARONDRUGS

1950S HITS

```
G  Z  R  C  S  Y  A  S  I  D  T  A  H  W  F
H  P  I  E  D  O  O  G  B  Y  N  N  H  O  J
B  E  S  I  V  A  J  M  O  O  B  H  S  L  S
J  G  E  N  I  L  E  H  T  K  L  A  W  I  S
N  G  D  T  U  T  T  I  F  R  U  T  T  I  T
J  Y  I  H  E  E  N  E  L  L  E  B  Y  A  M
L  S  Y  E  L  D  D  I  D  O  B  T  N  E  A
G  U  E  A  R  T  H  A  N  G  E  L  E  S  L
J  E  C  Q  G  E  C  V  B  V  R  X  C  C  E
Q  N  M  I  G  F  V  S  L  B  R  R  N  N  W
L  F  R  V  L  T  W  E  K  W  Y  H  Q  Q  E
U  O  K  I  O  L  G  T  F  I  H  X  C  Y  W
J  U  C  R  S  X  E  R  I  P  I  T  U  P  Q
M  T  A  E  R  I  F  F  O  S  L  L  A  B  H
L  O  N  G  T  A  L  L  S  A  L  L  Y  T  L
```

BALLSOFFIRE
BLUEBERRYHILL
BODIDDLEY
EARTHANGEL
FEVER
IWALKTHELINE

JOHNNYBGOODE
LONGTALLSALLY
LUCILLE
MAYBELLENE
PEGGYSUE
RIPITUP

SHBOOM
TUTTIFRUTTI
WHATDISAY

Puzzle #58

PINK FLOYD

```
C  N  X  V  M  E  H  T  D  N  A  S  U  W  Z
A  T  Z  D  T  S  U  L  G  N  U  O  Y  I  Y
J  E  L  B  N  M  I  Y  B  B  H  I  E  S  U
H  X  M  R  P  O  L  B  E  Q  F  F  C  H  Q
F  B  O  I  Q  P  M  Y  C  N  A  F  H  U  C
C  C  Z  C  T  P  U  A  L  G  O  G  O  W  W
U  S  S  K  H  L  I  S  I  E  J  M  E  E  T
R  W  X  N  E  X  V  N  P  D  O  G  S  R  O
C  M  L  T  J  I  C  J  S  B  Y  P  A  E  F
Z  Z  F  H  O  W  X  L  E  M  E  Z  M  H  U
Y  K  S  E  H  T  N  I  G  I  G  D  A  E  E
D  P  M  W  G  M  O  L  M  O  T  H  E  R  B
V  U  R  A  G  I  C  A  E  V  A  H  S  E  C
I  L  L  L  E  H  E  K  I  L  N  U  R  L  G
Y  K  F  L  S  X  S  E  P  O  H  H  G  I  H
```

BRICKNTHEWALL	HAVEACIGAR	USANDTHEM
CRAZYDIAMOND	HIGHHOPES	WISHUWEREHERE
DOGS	MONEY	YOUNGLUST
ECHOES	MOTHER	
ECLIPSE	RUNLIKEHELL	
GIGINTHESKY	TIME	

BEACH BOYS

```
N  V  B  S  U  R  F  I  N  U  S  A  H  G  J
L  O  N  O  I  T  A  R  B  I  V  D  O  O  G
W  N  F  H  E  L  P  M  E  R  H  O  N  D  A
G  J  N  Y  M  U  Z  N  G  U  O  R  S  O  R
F  I  R  A  R  U  V  E  V  V  L  L  F  N  S
K  N  R  U  A  A  C  W  G  B  I  L  U  L  L
O  M  U  D  A  R  L  I  N  W  Y  I  N  Y  R
K  Y  I  G  E  T  A  R  O  U  N  D  F  K  V
O  R  X  G  K  J  X  B  N  I  X  W  U  N  Q
M  O  Y  B  A  B  Y  R  R  O  W  T  N  O  D
O  O  W  H  O  Y  N  Z  H  A  M  O  F  W  R
E  M  N  I  E  V  E  I  L  E  B  U  U  S  U
J  Q  H  W  S  L  O  O  P  J  O  H  N  B  B
T  L  T  K  L  S  U  R  F  S  U  P  K  H  C
A  I  R  A  F  A  S  N  I  F  R  U  S  A  Z
```

BARBARAANN   GOODVIBRATION   SURFINSAFARI
BELIEVEINME   HELPMERHONDA   SURFINUSA
DARLIN   IGETAROUND   SURFSUP
DONTWORRYBABY   INMYROOM
FUNFUNFUN   KOKOMO
GODONLYKNOWS   SLOOPJOHNB

ROCK ARTISTS

```
C V G S J T N R Y C E K F Y B
F G A O R X B L C Y R T F E D
I K S T H E C Y R K L E W A D
Q O B I M X L E T P O W M Y D
P X J G K I N G C R I M S O N
U O N V M G N S N Z I G E G W
Q H D J S T U U P A Z V K R A
Y Z L R N J Z X T I R O I O L
S K V S T A I N D E R T N U K
I S S Q J X Z H E T M I S M M
J M O L L Y H A T C H E T S E
M X J W Y K T T R G X E N P N
E L A N O I T A N E H T X N Q
I Z U O R A A P Q C T X N X D
D J J S E I B M O Z E H T M D
```

KINGCRIMSON
MINUTEMEN
MOLLYHATCHET
NAZARETH
REM
SPIRIT

STAIND
STRANGLERS
THECYRKLE
THENATIONAL
THEXX
THEZOMBIES

TRIVIUM
WALKMEN
XTC

BLACK SABBATH

```
S  B  S  A  N  C  S  N  K  L  T  W  G  T  C
H  T  T  D  I  E  C  G  E  L  L  Z  N  P  X
J  T  H  U  N  N  V  H  I  F  J  F  S  A  C
Q  H  A  G  A  I  A  E  A  P  Z  T  P  R  F
H  E  O  B  I  N  L  M  R  N  R  H  N  A  L
Q  W  T  G  B  N  R  B  O  S  G  A  K  N  F
C  I  C  W  F  A  K  E  W  L  A  E  W  O  D
A  Z  I  U  X  T  S  N  P  O  A  Y  S  I  N
Q  A  H  I  D  I  E  Y  O  U  N  G  D  D  T
H  R  Z  U  R  I  J  I  D  E  S  S  E  I  Q
C  D  W  N  N  O  F  C  F  O  N  I  B  M  E
Y  K  S  E  H  T  N  I  E  L  O  H  Q  F  S
Q  A  Q  R  U  B  E  M  G  E  G  L  X  S  E
P  S  W  E  E  T  L  E  A  F  G  M  B  I  H
Z  K  A  T  C  O  H  E  I  N  U  P  E  G  E
```

BLOODYSABBATH	NEONKNIGHTS	SWEETLEAF
CHANGES	NEVERSAYDIE	THEWIZARD
DIEYOUNG	NIB	WARPIGS
HOLEINTHESKY	PARANOID	
IRONMAN	SNOWBLIND	
MEGALOMANIA	SUPERNAUT	

RED HOT CHILI PEPPERS

```
L S O U L T O S Q U E E Z E H
Q E D I S R E H T O N L W I I
U A S C A R T I S S U E R J G
Q U B U S I C K L O V E F M H
S O Y W Y A W A T I E V I G E
Z E P H Y R S O N G Y H Y K R
I E M T E G R O F T N O D U G
U Z J U C E U C D E S O D U R
Q R B D N M Y A W E H T Y B O
W S E N A L P O R E A I O C U
G O K E A N E O E M I T V P N
A I N R O F I L A C V E Q O D
C T P S U C K M Y K I S S J J
K Q K Q U Y G H K G X G B Z I
B Q L G N N A A O V A H O F R
```

AEROPLANE	DOSED	SNOW
BYTHEWAY	GIVEITAWAY	SOULTOSQUEEZE
CALIFORNIA	HIGHERGROUND	SUCKMYKISS
CANTSTOP	OTHERSIDE	TIME
DANI	SCARTISSUE	ZEPHYRSONG
DONTFORGETME	SICKLOVE	

ROCK ARTISTS

```
N  Z  M  P  C  X  H  D  E  V  Z  Y  K  Q  H
X  N  L  O  Q  Y  A  J  X  B  Q  C  X  I  G
L  I  L  D  R  T  H  E  B  A  N  G  L  E  S
O  I  I  G  A  T  W  R  M  H  N  C  F  R  J
S  C  Z  Q  Y  R  R  E  B  K  C  U  H  C  E
T  S  P  W  A  Y  K  A  F  F  Z  G  F  N  R
P  U  H  O  O  E  P  T  W  N  A  P  I  G  R
R  M  A  A  M  L  F  T  H  E  F  A  L  L  Y
O  S  I  L  L  V  E  R  E  R  T  R  I  O  G
P  J  R  K  R  E  E  B  Q  U  O  S  I  G  A
H  K  X  E  J  N  S  J  M  A  I  N  L  X  R
E  L  G  S  X  K  N  T  G  O  T  Y  E  A  C
T  I  Y  E  V  I  D  W  O  L  S  D  E  Z  I
S  Q  U  N  B  N  L  A  P  R  I  E  S  F  A
M  H  Y  Y  J  G  N  P  B  F  M  U  Q  J  P
```

ALSTEWART	HALESTORM	SLOWDIVE
CHUCKBERRY	JERRYGARCIA	THEBANGLES
DARKTHRONE	LIZPHAIR	THEFALL
ELVENKING	LOSTPROPHETS	
FUN	LOW	
GOTYE	POD	

FOO FIGHTERS

```
I  K  O  F  V  F  I  U  M  L  W  R  T  K  P
W  H  I  T  E  L  I  M  O  D  H  N  O  J  B
U  O  Y  F  O  T  S  E  B  R  E  N  F  S  Z
T  E  Y  H  C  N  E  R  W  Y  E  K  N  O  M
H  U  P  B  F  R  B  V  K  Y  L  H  T  D  W
E  T  V  O  B  C  M  G  E  L  S  Y  Y  Q  L
P  H  A  I  R  D  N  A  L  R  A  I  A  M  Z
R  E  U  M  E  H  E  U  C  G  L  W  E  H  W
E  S  A  H  A  L  E  A  R  N  T  O  F  L  Y
T  E  W  C  K  M  C  R  B  I  M  C  N  D  H
E  D  E  V  O  B  H  T  H  S  T  H  H  G  D
N  A  P  L  U  I  F  A  C  K  R  W  A  Z  A
D  Y  H  V  T  G  X  E  O  I  V  G  Z  T  V
E  S  E  P  C  M  M  K  M  Z  A  K  M  I  I
R  U  F  D  Z  E  F  I  L  Y  M  L  L  A  J
```

ALLMYLIFE	LEARNTOFLY	THESEDAYS
ARLANDRIA	MONKEYWRENCH	WALK
BESTOFYOU	MYHERO	WHEELS
BIGME	ROPE	WHITELIMO
BREAKOUT	RUN	
EVERLONG	THEPRETENDER	

ROCK ARTISTS

```
H  K  S  Y  G  G  N  U  O  Y  L  I  E  N  B
T  Y  E  R  E  V  E  R  L  U  A  P  N  L  B
H  L  T  P  O  L  G  A  I  F  V  C  A  Y  E
E  I  J  O  D  D  H  Z  W  Z  N  S  V  C  E
D  E  E  S  T  R  E  E  T  B  A  N  D  W  A
R  M  H  W  F  Y  A  M  R  Z  G  F  X  D  O
E  I  Z  T  D  L  G  X  F  F  N  R  G  O  X
A  N  J  A  I  P  L  P  A  V  E  M  E  N  T
M  O  I  I  G  M  E  L  A  D  K  C  I  D  C
S  G  U  Z  G  E  S  K  H  A  T  L  A  D  N
I  U  K  D  I  A  M  O  N  D  H  E  A  D  Z
D  E  Q  C  A  N  R  O  R  Y  U  M  Y  U  Y
E  S  G  U  A  N  O  A  P  E  S  T  G  H  S
S  Z  U  Y  S  L  A  M  I  N  A  E  H  T  H
N  A  I  D  R  A  U  G  D  N  I  L  B  V  E
```

ACEFREHLEY
AEROSMITH
BLINDGUARDIAN
DIAMONDHEAD
DICKDALE
EAGLES

ESTREETBAND
GUANOAPES
KYLIEMINOGUE
NEILYOUNG
OMEGA
PAULREVERE

PAVEMENT
THEANIMALS
THEDREAMSIDE

1960S HITS

```
V  X  B  D  E  X  T  P  C  H  U  I  B  N  M
U  K  Y  G  L  M  Y  C  S  B  S  N  X  B  T
E  K  O  M  T  I  Y  B  E  A  X  I  X  J  O
O  M  L  A  G  H  W  B  A  P  N  W  O  T  O
K  M  Q  L  I  C  B  E  D  B  S  V  C  H  P
S  D  E  M  Y  O  M  D  B  N  Y  E  U  V  R
C  M  X  Y  F  O  M  U  L  O  A  M  R  E  O
W  H  I  T  E  R  O  O  M  S  T  T  E  B  U
M  L  O  V  I  N  F  E  E  L  I  N  S  B  D
F  Y  Q  S  N  O  I  N  O  N  E  E  R  G  T
Z  I  G  O  M  O  N  Y  M  O  N  Y  G  O  O
L  O  U  I  E  L  O  U  I  E  M  M  B  O  B
H  F  P  U  R  P  L  E  H  A  Z  E  V  O  E
C  B  S  O  U  L  M  A  N  H  B  R  H  B  G
J  W  U  O  Y  S  E  V  O  L  E  H  S  Q  S
```

BEMYBABY	MYGIRL	TOOPROUDTOBEG
BORNTOBEWILD	PURPLEHAZE	WHITEROOM
GREENONIONS	RESPECT	
LOUIELOUIE	SHELOVESYOU	
LOVINFEELIN	SOULMAN	
MONYMONY	STANDBYME	

AEROSMITH

```
S  G  L  O  O  K  L  I  K  E  A  L  A  D  Y
W  W  L  O  V  E  E  L  E  V  A  T  O  R  T
E  T  N  D  E  D  A  J  O  U  D  Q  L  S  U
E  B  H  E  C  N  A  D  D  N  A  G  N  O  S
T  N  Y  A  W  S  I  H  T  K  L  A  W  F  J
E  Y  O  L  N  Z  F  L  V  C  S  T  W  N  U
M  Y  K  M  Q  A  J  P  E  D  E  Y  M  C  E
O  I  F  M  A  O  M  Q  Y  H  E  Q  R  J  L
T  S  Y  O  O  E  R  A  J  U  T  Z  K  F  K
I  F  C  V  T  C  R  A  Z  Y  J  W  T  N  D
O  A  H  L  V  T  R  D  Y  I  Y  S  A  R  A
N  W  D  B  D  Y  E  Y  S  N  N  F  I  R  Z
O  X  L  A  S  T  C  H  I  L  D  G  P  J  D
M  D  F  N  O  M  O  R  E  N  O  M  O  R  E
H  C  N  U  G  A  T  O  G  S  E  I  N  A  J
```

AMAZING	JANIESGOTAGUN	SWEETEMOTION
CRAZY	LASTCHILD	WALKTHISWAY
CRYIN	LOOKLIKEALADY	
DRAWTHELINE	LOVEELEVATOR	
DREAMON	NOMORENOMORE	
JADED	SONGANDDANCE	

ROCK ARTISTS

```
H C U L T U R E C L U B G R B
Y V E C D T Z G U M R O P N Z
T P S T T A L F L A C S A R Z
H R I R W O U J T H T S Y G C
E B A S S T T G N I J Q F U I
K A X G S L Y Q H Y Z I O E Q
O R N H U O I H S T I F S I M
O R A E P S G N I N R U B G J
K D K M K W M E T B L Y Z G F
S G R G S K I F H A R W E O R
J P A W P N O R Z T S I B S T
B B O N N A M D E R F N A M F
Y S E P I R T S E T I H W O F
X Y W Y U V O V M W N P K S P
C F T R A G I C A L L Y H I P
```

BURNINGSPEAR
CULTURECLUB
DAUGHTRY
DOKKEN
HIBRIA
MANFREDMANN

MISFITS
RASCALFLATTS
SLINT
SUGAR
THEGOSSIP
THEKOOKS

TRAGICALLYHIP
WHITESTRIPES
WIRE

ROCK ARTISTS

```
T  E  G  A  N  A  N  D  S  A  R  A  U  R  T
J  B  V  Y  P  G  U  I  Z  G  E  Z  S  K  C
V  J  X  O  G  O  O  G  O  O  D  O  L  L  S
M  T  H  E  F  R  A  T  E  L  L  I  S  C  L
Y  X  J  T  H  E  B  A  N  D  Y  L  Y  X  K
I  S  E  N  O  J  S  U  S  E  J  K  K  T  F
B  J  X  T  H  E  S  H  I  N  S  E  C  H  T
Q  K  I  M  M  I  T  C  H  E  L  L  I  A  Y
F  M  O  R  N  I  N  G  J  A  C  K  E  T  J
H  C  Q  T  N  A  L  P  T  R  E  B  O  R  L
W  L  E  H  B  P  E  L  K  R  T  P  X  J  X
R  I  P  A  T  T  I  S  M  I  T  H  H  W  V
V  K  L  E  L  P  P  A  A  N  O  I  F  K  J
C  L  G  C  O  B  W  K  D  G  B  G  J  I  H
R  B  I  J  O  W  M  O  N  K  E  E  S  Z  V
```

FIONAAPPLE
GOLDENEARRING
GOOGOODOLLS
JACKYL
JESUSJONES
KIMMITCHELL

MONKEES
MORNINGJACKET
PATTISMITH
ROBERTPLANT
TEGANANDSARA
THEBAND

THEFRATELLIS
THESHINS
WILCO

ROCK ARTISTS

```
Y  W  Q  H  D  S  I  M  P  L  E  P  L  A  N
E  U  R  Y  T  H  M  I  C  S  F  Q  O  V  C
C  H  A  N  T  A  Y  S  I  C  W  P  K  J  V
B  Z  H  R  N  R  B  O  N  A  M  A  S  S  A
M  H  W  A  X  O  Z  B  F  K  I  J  N  N  Z
H  O  S  T  L  B  V  M  A  A  U  X  H  S  J
H  P  Y  G  O  L  L  E  H  S  O  Y  R  C  I
Z  Y  M  G  N  I  N  Z  Z  S  K  W  F  I  O
X  T  P  U  W  I  R  O  F  N  V  C  F  C  G
B  U  H  N  I  G  K  T  A  B  E  X  A  Y  F
N  H  O  T  U  R  O  I  E  T  V  R  S  L  O
G  U  N  H  G  R  T  L  V  I  E  Y  R  C  B
C  U  Y  M  S  X  S  V  N  L  U  S  F  A  O
C  J  X  R  Y  U  K  S  L  E  E  Q  M  C  W
N  O  S  I  R  R  O  M  N  A  V  D  L  T  F
```

BLACKSABBATH	EURYTHMICS	TRIUMPH
BONAMASSA	HALLNOATES	VANMORRISON
CHANTAYS	QUIETRIOT	WARRENZEVON
CRYOSHELL	SIMPLEPLAN	
DELVIKINGS	SWANS	
EELS	SYMPHONYX	

ROCK ARTISTS

```
O  O  V  H  H  N  E  O  N  T  R  E  E  S  E
N  I  A  T  N  U  O  M  K  E  V  N  K  B  W
U  E  Z  Q  N  O  Y  Q  C  F  A  N  N  E  Q
M  E  I  Y  U  E  T  E  Q  G  N  I  T  S  Z
F  S  D  H  T  N  L  T  L  K  N  X  R  L  X
R  V  D  D  C  R  O  A  K  A  I  D  Y  F  B
A  E  S  R  I  I  A  S  T  N  H  B  J  S  O
N  D  B  H  I  E  R  P  K  Y  I  L  O  K  B
K  C  L  B  E  B  C  L  A  C  L  F  L  Z  B
Z  J  O  X  I  E  D  O  E  E  A  L  G  I  Y
A  O  E  M  G  L  P  R  C  N  T  J  I  K  B
P  R  V  J  W  F  P  D  A  H  O  A  M  B  L
P  X  A  O  Z  K  T  E  O  Y  R  I  Q  H  A
A  N  A  P  J  F  Q  L  D  G  N  A  L  J  N
U  H  T  E  N  A  C  I  O  U  S  D  N  E  D
```

ANNIHILATOR	LIONELRICHIE	TEAPARTY
BILLHALEY	MJACKSON	TENACIOUSD
BILLYTALENT	MOUNTAIN	YARDBIRDS
BOBBYBLAND	NEONTREES	
EDDIECOCHRAN	SHEEPDOGS	
FRANKZAPPA	STING	

RUSH

```
N  B  C  Y  G  N  U  S  X  O  N  E  Q  T  A
E  V  A  T  T  X  A  N  A  D  U  B  S  O  O
S  Y  A  S  I  H  X  X  T  D  P  M  F  M  S
P  B  E  T  T  H  G  I  L  E  M  I  L  S  U
I  N  T  A  T  I  Z  I  T  M  D  Z  Z  A  B
R  Q  A  X  R  E  L  O  N  W  I  X  Y  W  D
I  S  V  M  K  E  H  L  J  Y  E  N  T  Y  I
T  H  E  Z  G  Z  M  C  E  B  B  R  D  E  V
O  A  R  E  X  N  Y  A  R  D  S  Y  Q  R  I
F  C  L  Y  R  B  I  R  C  A  A  P  L  P  S
R  U  D  L  Z  T  U  K  H  E  B  Y  A  F  I
A  O  L  L  I  W  E  E  R  F  H  D  F  Q  O
D  L  O  I  G  V  G  H  T  O  Y  T  E  Z  N
I  F  B  Y  S  S  A  Q  T  C  W  K  K  R  S
O  X  A  T  E  M  P  L  E  S  Y  R  I  N  X
```

BASTILLEDAY
CYGNUSXONE
FLYBYNIGHT
FREEWILL
LAVILLA
LIMELIGHT

REDBARCHETTA
SPIRITOFRADIO
SUBDIVISIONS
TEMPLESYRINX
THECAMERAEYE
THETREES

TOMSAWYER
WORKINGMAN
XANADU
YYZ

GREEN DAY

```
O  R  J  E  H  T  D  I  Q  S  R  E  K  E  P
G  W  V  E  C  O  R  X  J  A  H  R  H  F  V
E  N  F  W  S  N  L  A  O  I  U  G  I  S  V
M  S  I  S  E  U  A  I  E  X  O  V  T  X  Y
O  W  A  N  W  T  S  D  D  H  K  S  T  Y  F
X  C  X  C  R  E  S  S  D  A  Y  F  P  U  E
V  N  L  O  T  A  I  N  U  I  Y  A  L  K  H
D  U  X  L  G  E  W  V  I  B  R  J  R  I  A
D  C  Y  F  Z  G  K  F  G  A  U  D  A  T  Y
M  A  K  X  I  E  W  S  Z  N  R  R  O  T  S
P  S  T  J  I  M  M  Y  A  G  O  B  B  O  M
G  B  H  T  U  O  N  R  U  B  O  L  F  I  G
B  R  O  K  E  N  D  R  E  A  M  S  V  W  A
S  U  A  M  E  R  I  C  A  N  I  D  I  O  T
I  R  L  L  N  R  D  J  I  G  H  L  T  V  Z
```

AMERICANIDIOT
BANGBANG
BASKETCASE
BRAINSTEW
BROKENDREAMS
BURNOUT

GOODRIDDANCE
HOLIDAY
JESUSSUBURBIA
LONGVIEW
SHE
STJIMMY

STRAYHEART
WARNING

ROCK ARTISTS

```
D  N  H  W  X  O  S  O  S  Z  D  K  R  Q  S
F  K  D  B  T  S  E  X  P  I  S  T  O  L  S
H  O  A  D  I  K  X  T  G  O  P  R  N  S  I
N  F  D  A  O  B  Z  Z  T  O  P  X  N  O  G
I  O  W  M  S  P  A  V  Z  R  U  X  I  M  U
T  H  T  Z  U  I  Z  T  L  G  E  E  A  R
T  N  A  W  L  S  S  O  C  U  W  Y  M  V  R
Y  J  E  C  E  B  E  I  J  Z  A  D  I  C  O
G  X  C  E  I  N  N  X  R  C  R  P  L  C  S
R  S  C  B  U  M  E  F  T  H  X  J  S  X  X
I  I  T  B  E  Q  Q  C  I  U  C  E  A  E  Z
T  M  W  H  U  M  Z  E  I  Z  H  B  P  D  L
T  O  R  L  E  A  N  S  J  U  D  P  J  X  N
Y  N  G  A  Q  N  V  W  A  U  J  Q  C  O  S
L  B  X  Q  N  U  G  Y  A  R  D  E  K  A  N
```

AJR

CHRISISAAK

GWAR

JUICENEWTON

LESPAUL

MUSE

NAKEDRAYGUN

NITTYGRITTY

ORLEANS

QUEEN

RONNIEMILSAP

SEXPISTOLS

SIGURROS

SIMON

ZZTOP

DRUMMERS

```
T  Z  N  H  T  U  N  E  I  L  P  E  A  R  T
E  M  R  J  N  O  S  K  C  A  J  L  A  H  J
R  C  H  E  R  R  A  T  S  O  G  N  I  R  V
R  R  C  A  K  J  O  H  N  B  O  N  H  A  M
Y  C  H  B  L  A  K  G  D  X  A  R  T  M  C
B  X  A  C  I  B  B  E  M  X  N  I  P  P  U
O  J  R  P  I  L  L  R  I  S  P  G  R  G  Q
Z  B  L  A  U  R  L  A  E  T  C  U  F  F  A
Z  B  I  Y  E  R  Y  B  I  G  H  I  G  K  F
I  G  E  M  X  B  K  D  R  N  N  M  B  Z  Y
O  Z  W  D  X  N  V  E  D  U  E  I  O  Y  T
D  N  A  L  E  P  O  C  N  U  F  K  G  O  B
Q  M  T  D  T  U  A  Y  E  E  B  O  Q  J  N
C  Z  T  J  C  L  Y  A  R  D  G  H  R  U  G
U  V  S  A  Z  L  H  O  R  G  E  V  A  D  J
```

ALJACKSONJR

BILLBRUFORD

BUDDYRICH

CHARLIEWATTS

COPELAND

DAVEGROHL

GENEKRUPA

GINGERBAKER

HALBLAINE

JOHNBONHAM

KEITHMOON

NEILPEART

RINGOSTARR

TERRYBOZZIO

IRON MAIDEN

```
C G R U N T O T H E H I L L S
X E T N A M S N A L C E H T F
S H T A E D F O E C N A D U E
F R S X E B D E W O L L A H A
T S E E A R E N K K J W V C R
H F P H V C G V S Q C G X L O
E C O H T E E E Q R Q T O A F
T U W Y D O N S H K B J X I T
R T E Z M M R T H T T E K R H
O J R V T I Y B H I X L M V E
O G S N Z W D B D S G E E O D
P X L M Z J S X W O O H L Y A
E K A U X E X A H Q O N E A R
R E V E L A T I O N S L H N K
T H E W I C K E R M A N B T N
```

ACESHIGH
ALEXTHEGREAT
BLOODBROTHERS
CLAIRVOYANT
DANCEOFDEATH
FEAROFTHEDARK

HALLOWEDBE
POWERSLAVE
REVELATIONS
RUNTOTHEHILLS
SEVENTHSON
THECLANSMAN

THETROOPER
THEWICKERMAN

ROCK ARTISTS

```
E T E S S I L V E R C H A I R
S C L E P Y G I D O R P E H T
P E W K K X N A A Q L T I C W
U D N I W K Z E L O J A O L O
E N S I F E R U M F R S I O B
W R P O T Q N E C Y I Y E B Z
H B E Y U R V P E H R T Y O T
I U T T A N E Z D H F R N C H
T O E F S L D B V N C B A A B
E Y R W B B P G I T H E V U M
W T G E X E E D A L L E U P Q
I U R T V X N W L R M G B L B
T T E L L I K S X O D E C W B
C R E I T Z C Y D A C E A X Z
H U N I K R L R A D M S N C A
```

ANTIFLAG
BEEGEES
BLUECHEER
COLDPLAY
ENSIFERUM
LIBERTINES

MAXWEBSTER
PETERGREEN
QUARRYMEN
SILVERCHAIR
SKILLET
SOUNDGARDEN

THEPRODIGY
WHITEWITCH

BASSISTS

```
N  W  K  V  M  T  I  J  D  F  Z  H  K  J  S
W  L  J  A  C  O  P  A  S  T  O  R  I  U  S
C  Q  P  N  B  N  O  C  A  E  D  N  H  O  J
G  H  Z  U  O  V  N  K  N  K  H  Y  L  E  O
K  E  R  L  O  T  H  B  O  W  O  Y  D  C  H
O  S  D  I  T  Y  R  R  A  Y  B  R  O  W  N
N  P  O  D  S  X  G  U  U  V  Z  K  D  P  E
A  H  X  E  Y  S  L  C  B  C  R  C  Z  Z  N
P  D  A  X  C  L  Q  E  W  F  R  A  J  H  T
T  J  P  E  O  X  E  U  M  B  F  I  R  J  W
R  K  F  C  L  N  E  E  I  M  N  I  X  T  I
H  H  C  V  L  F  D  F  D  R  Y  G  L  C  S
Q  A  S  M  I  O  C  V  G  F  E  Q  T  C  T
Y  S  U  G  N  I  M  S  E  L  R  A  H  C  L
J  A  M  E  S  J  A  M  E  R  S  O  N  V  E
```

BOOTSYCOLLINS   JACKBRUCE   RAYBROWN

CHARLESMINGUS   JACOPASTORIUS

CHRISSQUIRE   JAMESJAMERSON

CLIFFBURTON   JOHNDEACON

FLEA   JOHNENTWISTLE

GEDDYLEE   LEMMY

ROCK ARTISTS

```
T  B  T  E  M  U  R  I  A  H  H  E  E  P  D
J  T  E  H  N  A  M  E  K  A  W  K  C  I  R
Q  W  I  M  E  I  R  T  N  M  S  K  C  Q  A
Q  R  D  A  H  S  W  I  L  I  M  F  F  R  T
G  O  C  H  R  S  M  D  L  U  K  Y  B  S  J
G  G  J  P  N  E  U  I  N  L  C  T  E  K  E
V  E  Y  E  E  G  I  B  T  A  I  Y  C  A  Y
S  R  M  N  X  U  U  N  R  H  N  O  R  S  S
N  W  I  N  V  X  E  C  N  D  S  O  N  A  B
Q  A  Z  Y  O  W  Z  H  D  O  I  D  R  B  T
T  T  A  W  W  Y  F  E  B  F  B  G  Q  I  U
B  E  R  I  C  B  U  R  D  O  N  F  X  A  O
S  R  Z  S  G  J  H  Y  P  Z  Y  K  J  N  C
Q  S  B  E  I  A  R  O  B  Z  O  M  B  I  E
T  X  D  X  T  D  P  N  M  Y  W  H  J  F  M
```

BONNIERAITT	IRONANDWINE	ROGERWATERS
BUSH	KASABIAN	THESMITHS
CHER	MARILLION	URIAHHEEP
DIO	PENNYWISE	
ERICBURDON	RICKWAKEMAN	
FOZZY	ROBZOMBIE	

CREEDENCE CLEARWATER REVIVAL

```
T  P  C  E  Z  N  Q  Q  E  I  Z  U  S  K  S
Y  I  B  D  N  A  B  N  I  L  E  V  A  R  T
T  T  A  R  O  U  N  D  T  H  E  B  E  N  D
E  I  D  O  L  Y  O  H  Z  S  W  Z  U  S  P
F  I  M  N  I  A  R  E  H  T  P  O  T  S  P
Z  U  O  Y  A  B  E  H  T  N  O  S  I  O  N
C  N  O  S  E  T  A  N  U  T  R  O  F  J  D
R  E  N  R  O  C  E  H  T  N  O  B  Y  U  S
D  D  R  E  V  I  R  N  E  E  R  G  E  J  L
C  N  I  A  R  E  H  T  N  E  E  S  M  E  H
V  P  S  D  L  E  I  F  N  O  T  T  O  C  C
N  L  I  Z  K  P  R  O  U  D  M  A  R  Y  T
K  G  N  S  P  E  L  L  O  N  Y  O  U  E  Q
T  H  G  I  N  O  T  Y  E  H  T  E  C  D  R
F  O  U  T  M  Y  B  A  C  K  D  O  O  R  A
```

AROUNDTHEBEND
BADMOONRISING
COTTONFIELDS
FORTUNATESON
GREENRIVER
HEYTONIGHT

LODI
ONTHEBAYOU
ONTHECORNER
OUTMYBACKDOOR
PROUDMARY
SEENTHERAIN

SPELLONYOU
STOPTHERAIN
SUZIEQ
TRAVELINBAND

ROCK ARTISTS

```
B  I  H  Y  T  S  U  G  A  R  C  U  B  E  S
E  H  S  E  E  U  K  V  C  M  G  M  T  N  F
E  M  K  T  R  S  K  N  A  B  Y  N  O  T  J
K  O  S  E  I  R  R  E  B  N  A  R  C  Y  V
K  N  N  F  C  A  N  O  I  L  E  T  I  H  W
O  P  K  V  C  E  R  T  G  K  C  E  I  C  X
U  I  G  W  L  F  E  T  P  N  O  B  Q  K  X
Z  P  B  H  A  B  G  W  S  N  U  Y  X  D  Q
Q  P  R  M  P  F  Z  E  D  E  U  S  Z  D  G
D  H  A  M  T  G  L  A  H  A  R  B  Z  K  O
B  R  Y  C  O  O  D  E  R  K  W  I  P  W  E
A  L  E  O  N  R  U  S  S  E  L  L  D  L  E
B  L  I  E  V  E  H  T  E  C  R  E  I  P  F
O  T  R  S  G  N  I  T  G  N  I  T  I  W  H
T  P  U  O  R  G  K  C  E  B  F  F  E  J  Q
```

AHA
BTO
CRANBERRIES
DIRESTRAITS
ERICCLAPTON
JEFFBECKGROUP

LEONRUSSELL
MGMT
PIERCETHEVEIL
RYCOODER
SUEDE
SUGARCUBES

TINGTINGS
TONYBANKS
WHITELION

ROCK ARTISTS

```
T  H  E  F  R  A  Y  J  T  O  P  M  O  D  F
M  S  Y  W  M  Z  Y  A  R  H  C  P  I  A  L
D  I  A  R  U  A  F  K  A  W  Q  O  N  Z  H
G  O  H  B  R  M  N  E  I  F  J  W  G  T  L
S  I  O  R  A  A  I  O  N  Y  A  E  O  H  Q
O  P  H  W  E  T  H  W  P  K  R  B  E  J
U  P  I  O  N  T  O  E  P  A  B  G  O  S  B
U  V  J  L  Z  I  N  N  I  X  R  L  I  E  F
N  V  B  W  G  M  W  U  X  B  I  O  N  A  A
M  O  U  Z  N  N  E  E  H  P  B  V  G  R  M
B  P  X  R  C  S  I  L  V  R  A  E  O  C  E
H  R  U  O  S  T  I  M  N  E  E  B  D  H  R
Z  O  M  V  J  S  S  P  A  R  T  E  R  E  I
K  F  L  N  H  W  I  E  X  L  F  S  D  R  C
P  T  S  D  G  O  Q  K  E  T  F  N  R  S  A
```

AMERICA	MANOWAR	THEFRAY
DEBBIEHARRY	OINGOBOINGO	THESEARCHERS
DEERHUNTER	POWERGLOVE	TRAIN
FLAMINGLIPS	RHCP	
JAKEOWEN	SABATON	
KISS	STEVEWINWOOD	

ROCK ARTISTS

```
M  G  S  J  X  P  A  R  A  M  O  R  E  I  T
C  I  F  S  S  E  I  R  R  E  B  P  S  A  R
E  L  O  U  G  R  A  M  M  V  K  Q  V  N  E
O  L  S  C  X  F  B  X  O  D  I  I  Q  B  X
C  I  S  E  X  O  F  T  E  E  L  F  F  E  D
P  A  A  A  P  I  E  H  T  A  M  E  T  U  M
W  N  M  I  C  I  Z  D  Q  D  A  I  O  K  N
P  W  M  R  W  L  L  M  E  C  O  D  Y  L  H
C  E  Y  W  E  U  N  E  V  A  E  C  Y  O  B
M  L  H  F  Y  Z  V  S  C  N  T  E  J  H  J
N  C  A  D  D  D  Y  T  R  D  N  H  Z  G  M
G  H  G  A  I  R  O  N  M  A  I  D  E  N  M
D  L  A  M  O  R  P  H  I  N  E  C  B  J  V
W  D  R  W  R  Q  K  P  Y  C  B  L  U  I  F
Z  C  L  U  C  T  H  F  K  E  P  E  Q  D  R
```

BOYCEAVENUE

CLUCTH

DEADCANDANCE

DEATH

FLEETFOXES

GILLIANWELCH

IRONMAIDEN

JET

LOUGRAMM

MORPHINE

MUTEMATH

PARAMORE

RASPBERRIES

SAMMYHAGAR

TREX

Puzzle #84

THE EAGLES

```
T  E  N  O  G  Y  D  A  E  R  L  A  W  N  W
B  T  A  K  E  I  T  E  A  S  Y  M  N  Y  A
E  B  P  A  C  G  T  I  N  V  I  R  F  B  S
A  A  T  Y  E  X  N  H  C  R  Q  A  J  R  T
S  I  N  U  R  G  N  O  L  E  H  T  B  K  E
T  R  N  J  U  J  K  T  L  A  H  O  E  E  D
O  D  A  R  E  P  S  E  D  W  Z  T  L  Q  T
F  K  D  D  O  U  D  L  L  S  O  D  N  I  I
M  Q  W  Y  W  F  E  E  U  V  M  H  T  I  M
Y  P  N  E  W  K  I  D  I  N  T  O  W  N  E
L  I  T  P  O  Z  P  L  Y  I  N  E  Y  E  S
O  B  V  Q  U  J  B  J  A  T  G  M  K  E  V
V  J  T  I  H  A  Q  S  M  C  O  J  E  T  L
E  Q  U  S  K  T  I  M  I  L  E  H  T  O  T
C  X  S  T  H  G  I  N  E  S  E  H  T  F  O
```

ALREADYGONE   INTHECITY   TOTHELIMIT
BEASTOFMYLOVE   LYINEYES   WASTEDTIME
CALIFORNIA   NEWKIDINTOWN
DESPERADO   OFTHESENIGHTS
HOTEL   TAKEITEASY
HOWLONG   THELONGRUN

ALBUMS

```
C O V S G T P E P P E R S E U
B H A S D N U O S T E P T S P
N N B L K N N U X O E B T T O
G L A Z Q D I U L A W O M A N
T L C V G P E M R X L S P R Q
Z Q K V B J O E R O F T N M D
L E I S L T U W L E T O H A D
R L N B I V R X E B V N D N G
I R B R Y B E A E R T E R X U
R L L A T E R A L U S I N O J
L D A R K S I D E W R L T Q B
B I C B S L A M I N A C A E Z
O O K T G N T G F R S D K V L
C M K U F T S U D L E G N A E
H H D M T X E N S O H W O G D
```

ANGELDUST   LATERALUS   SGTPEPPERS
ANIMALS   LAWOMAN   STARMAN
BACKINBLACK   LETITBLEED   WHOSNEXT
BORNTORUN   NEVERMIND
BOSTON   PETSOUNDS
DARKSIDE   POWERSLAVE

LED ZEPPELIN

```
K U U R L O T T A L O V E C V
R U O Y E V A E L A N N O G E
K J K R E K A E R B T R A E H
J G O O D B A D T I M E S D V
G B D T E H A M G U U F I N D
S Z X V Z V C K R P V K M M A
D E S U F N O C D E Z A D V E
V B X X H S R L O Q Y A K R E
Y A W R I A T S Y J E D M O E
N O E L B M A R I M H S A K I
Q H U O Y G N I V O L N E E B
P K Z G N O S N O M E L S O Y
S E A H L T V G O D K C A L B
B F I M M I G R A N T S O N G
Z C E L E V E E B R E A K S O
```

ALLMYLOVE
BEENLOVINGYOU
BLACKDOG
DAZEDCONFUSED
DYERMAKER
GONNALEAVEYOU

GOODBADTIMES
HEARTBREAKER
IMMIGRANTSONG
KASHMIR
LEMONSONG
LEVEEBREAKS

LOTTALOVE
RAMBLEON
STAIRWAY

ROCK ARTISTS

```
K  H  L  D  Z  L  O  T  A  E  S  A  N  U  L
A  S  T  E  V  E  H  I  L  L  A  G  E  H  C
D  U  F  I  G  F  A  B  I  B  V  M  T  J  T
J  T  L  W  M  E  E  T  C  F  W  O  H  Q  A
O  J  J  H  X  S  N  C  E  T  F  A  E  X  E
H  E  A  M  M  W  T  K  C  T  V  E  C  D  A
N  Y  I  C  V  K  S  T  O  G  O  L  L  Z  U
F  M  A  W  K  S  E  N  O  J  Y  V  A  D  D
O  T  E  R  O  S  Y  W  P  I  D  Y  S  P  I
G  U  I  A  E  B  O  T  E  X  L  S  H  I  O
E  G  W  U  T  I  D  N  R  U  G  E  P  G  S
R  W  H  R  B  L  V  I  F  O  K  B  W  H  L
T  I  W  C  Z  Z  O  E  V  I  F  H  J  O  A
Y  N  X  T  E  E  K  A  T  A  V  B  C  J  V
S  N  O  S  R  E  M  E  F  S  D  E  U  W  E
```

ALICECOOPER	JACKSONFIVE	THECLASH
AUDIOSLAVE	JOHNFOGERTY	UBFORTY
DAVIDBOWIE	LUNASEA	
DAVYJONES	MEATLOAF	
ELIOTTSMITH	STEVEHILLAGE	
EMERSON	STEVIERAY	

GUNS N ROSES

```
L  M  Y  M  R  B  R  O  W  N  S  T  O  N  E
I  Y  Q  T  M  E  I  D  V  Y  P  U  F  F  T
V  R  R  J  I  O  V  S  O  K  L  A  B  B  V
E  O  P  O  G  C  T  O  S  N  A  D  M  R  N
A  C  D  N  O  D  E  O  L  W  T  R  S  M  O
N  K  N  L  I  D  E  S  G  I  I  C  T  C  V
D  E  E  E  I  A  S  G  I  G  S  Z  R  A  E
L  T  C  S  I  H  R  N  N  D  N  I  U  Y  M
E  Q  M  I  J  T  C  T  E  A  A  G  H  D  B
T  U  V  F  V  E  A  T  T  V  R  R  F  T  E
D  E  V  P  V  I  X  P  E  H  A  T  A  J  R
I  E  S  N  X  K  L  Z  M  E  G  E  S  P  R
E  N  X  L  E  Z  C  W  J  D  W  I  H  E  A
L  E  F  Z  R  Y  P  Q  A  H  X  S  N  K  I
E  L  G  N  U  J  E  H  T  R  W  E  Q  U  N
```

CIVILWAR
DONTCRY
ESTRANGED
HEAVENSDOOR
LIVEANDLETDIE

MRBROWNSTONE
NIGHTTRAIN
NOVEMBERRAIN
PARADISECITY
PATIENCE

ROCKETQUEEN
SWEETCHILD
THEJUNGLE
THISILOVE

Puzzle #89

BOB DYLAN

```
C  N  I  G  N  A  H  C  A  S  E  M  I  T  I
E  U  L  B  N  I  D  E  L  G  N  A  T  H  W
X  N  A  M  O  W  A  E  K  I  L  K  M  U  A
B  L  O  W  I  N  T  H  E  W  I  N  D  R  N
E  F  R  T  E  Y  K  R  A  D  T  O  N  R  T
U  L  A  O  S  D  N  I  W  T  O  I  D  I  Y
S  W  A  W  Y  G  B  P  V  C  F  D  U  C  O
W  R  O  O  D  S  N  E  V  A  E  H  R  A  U
B  C  F  J  G  R  A  I  N  O  F  S  A  N  D
Q  T  Z  H  D  B  M  N  L  S  Z  R  G  E  P
I  X  A  M  T  H  G  I  R  L  A  S  T  I  W
X  W  O  R  N  O  I  T  A  L  O  S  E  D  W
M  A  S  T  E  R  S  O  F  W  A  R  E  X  R
O  S  L  B  L  A  Y  L  A  D  Y  L  A  Y  D
T  H  E  W  A  T  C  H  T  O  W  E  R  D  E
```

AROLLINGSTONE
BLOWINTHEWIND
DESOLATIONROW
GRAINOFSAND
HEAVENSDOOR
HURRICANE

IDIOTWIND
ITSALRIGHTMA
IWANTYOU
LAYLADYLAY
LIKEAWOMAN
MASTERSOFWAR

NOTDARKYET
TANGLEDINBLUE
THEWATCHTOWER
TIMESACHANGIN

ZZ TOP

```
S  H  A  R  P  D  R  E  S  S  E  D  N  L  T
R  E  D  I  A  P  T  O  G  T  S  U  J  I  R
E  C  S  I  S  P  F  N  X  N  R  T  J  R  D
S  V  N  S  A  L  W  U  Q  T  A  Y  Y  K  I
O  P  H  I  A  P  E  E  P  V  O  R  Q  W  G
I  D  R  O  V  L  T  E  X  T  K  U  G  Z  D
R  F  M  J  X  O  G  E  P  G  A  V  J  A  F
H  O  X  H  S  R  L  N  G  I  Y  L  H  W  L
R  S  J  R  Y  Y  T  R  U  A  N  E  I  S  K
N  G  U  J  N  W  G  N  U  S  T  G  J  O  P
D  U  S  T  M  Y  B  R  O  O  M  S  B  C  W
I  F  V  R  O  U  G  H  B  O  Y  G  T  A  V
S  E  U  L  B  N  A  E  J  E  U  L  B  O  G
P  N  E  M  O  W  F  O  T  E  N  A  L  P  G
G  Q  Z  X  K  E  D  I  W  N  O  I  T  A  N
```

ALLYOURLOVIN	LEGS	SUNGLASSES
BLUEJEANBLUES	NATIONWIDE	TUSH
DUSTMYBROOM	PLANETOFWOMEN	
GOTSTAGETPAID	ROUGHBOY	
JUSTGOTPAID	SHARPDRESSED	
LAGRANGE	SLEEPINGBAG	

ROCK ARTISTS

```
B O B M A R L E Y P D P X H C
R O U Z R W A O K T J B B V O
I B Y T L A G T P T N M U X A
T K H G H Z L V K R K F E E W
C L Q U E E Y A H E E O Q D D
H E L D C O B L E T N T V H K
I V T U C C R L L H W P N A E
E H Q I T C A G A E T L F I H
V X Z H V O J K E C B O X O G
A L E H C B R M I A K O F P S
L E K P R X P H J R G K H Y Y
E A H J P B P G T S Q T E C P
N O O P S D L O V E R B O Y E
S L Q P R B W L W N J B P T S
K Q E L C R I C T C E F R E P
```

BOBMARLEY

BOYGEORGE

CCR

ECHOBELLY

HAVOK

INTERPOL

JETHROTULL

LOVERBOY

NEKTAR

PERFECTCIRCLE

RITCHIEVALENS

SPOON

THEALARM

THEBLACKKEYS

THECARS

ROCK ARTISTS

```
P  T  A  N  B  Q  M  P  D  W  A  X  H  A  T
Q  R  E  I  U  Q  S  Y  L  L  I  B  P  Q  E
A  N  J  M  R  R  G  B  E  M  I  L  B  U  S
R  E  O  V  X  Y  V  L  S  K  W  G  Z  A  U
T  Q  H  S  Y  I  N  U  R  X  H  V  R  V  M
H  A  N  Q  M  H  T  E  D  A  G  E  M  E  J
E  J  C  C  L  I  A  S  D  H  S  N  E  L  Z
D  Y  A  F  K  D  E  P  H  K  T  O  R  V  Z
E  R  L  N  H  O  J  R  D  C  M  M  Z  E  N
A  C  E  L  O  S  L  O  B  O  S  I  D  T  B
D  Y  V  P  V  N  W  J  M  U  E  V  J  S  D
B  O  F  B  A  D  R  E  L  I  G  I  O  N  X
O  R  G  Q  A  A  A  C  Q  U  X  V  E  I  I
Y  C  H  R  O  M  A  T  I  C  S  K  L  L  P
S  E  S  O  R  E  N  O  T  S  G  N  I  W  K
```

ABBA

AQUAVELVETS

BADRELIGION

BILLYSQUIER

BLUESPROJECT

CHROMATICS

DRJOHN

JOHNCALE

LOSLOBOS

MEGADETH

STONEROSES

SUBLIME

THEDEADBOYS

VENOM

WINGS

SINGERS

```
G  O  R  E  L  Y  T  N  E  V  E  T  S  Z  H
O  C  H  D  C  U  X  T  S  L  Z  Q  W  F  C
E  N  R  W  J  I  M  M  O  R  R  I  S  O  N
M  S  O  P  X  C  U  H  X  C  B  G  V  Q  P
X  B  O  B  D  Y  L  A  N  N  S  V  F  D  M
L  I  V  R  T  G  Z  A  V  Q  B  N  W  C  G
E  J  V  K  L  X  B  Z  O  C  Y  V  O  T  T
F  I  E  Q  R  X  E  O  O  H  P  K  L  B  A
Y  I  D  M  T  N  A  L  P  R  E  B  O  R  D
K  Q  C  D  S  T  E  V  I  E  N  I  C  K  S
K  N  T  Y  E  L  S  E  R  P  S  I  V  L  E
R  C  W  K  U  R  T  C  O  B  A  I  N  U  U
Q  F  X  F  N  S  F  A  N  J  M  N  D  V  F
D  G  Y  Q  M  I  C  K  J  A  G  G  E  R  B
F  W  A  D  E  B  B  I  E  H  A  R  R  Y  H
```

AXLROSE
BOBDYLAN
BONO
BONSCOTT
DEBBIEHARRY
ELVISPRESLEY

FREDDIE
JIMMORRISON
KURTCOBAIN
MICKJAGGER
OZZY
ROBERPLANT

STEVENTYLER
STEVIENICKS

ROCK ARTISTS

```
T  S  S  E  L  L  E  R  I  H  S  E  H  T  C
K  C  W  D  S  S  G  N  I  K  Y  S  P  I  G
E  P  C  R  A  C  O  N  T  E  U  R  S  K  Z
X  D  T  B  R  E  O  C  M  L  J  E  L  R  L
H  R  D  P  S  A  D  R  A  P  V  A  Z  F  J
P  C  I  I  D  T  S  L  P  R  X  A  T  D  G
A  U  G  T  E  Y  O  Y  U  I  A  A  N  Z  V
R  E  W  D  D  M  O  O  O  F  O  V  I  Z  B
L  K  Y  C  G  N  O  L  R  B  E  N  A  H  A
I  J  P  A  Q  W  D  N  F  S  H  T  S  N  T
A  T  P  B  W  Z  T  S  E  K  S  C  A  C  Z
M  G  Y  B  M  E  B  O  Q  Y  N  A  A  R  T
E  C  H  N  O  S  N  H  O  J  C  I  R  E  G
N  D  G  Z  B  J  V  P  B  L  S  S  P  G  B
T  A  Y  O  B  T  U  O  L  L  A  F  M  O  J
```

BEACHBOYS	GRASSROOTS	THESHIRELLES
CARAVAN	GRATEFULDEAD	TOOL
EDDIEMONEY	PARLIAMENT	
ERICJOHNSON	PINKFLOYD	
FALLOUTBOY	RACONTEURS	
GIPSYKINGS	SCORPIONS	

CHICAGO

```
B  Z  V  T  H  G  I  N  E  H  T  Y  A  T  S
M  C  Y  O  L  D  D  A  Y  S  L  G  M  H  E
L  E  O  R  E  M  E  V  O  L  L  L  I  T  S
O  B  N  L  R  X  U  M  L  A  Q  R  O  F  W
O  M  E  B  O  O  X  J  N  P  F  M  W  D  H
K  X  A  G  J  U  S  T  Y  O  U  N  M  E  A
A  H  R  D  I  K  R  M  F  N  L  U  R  B  T
W  C  A  U  E  N  R  M  I  F  F  L  G  T  T
A  Y  L  R  O  M  N  S  Y  Y  Y  Q  A  Q  I
Y  Z  S  H  D  F  E  I  O  W  A  X  M  C  M
S  O  E  E  B  H  O  S  N  P  O  S  N  P  E
A  Y  R  N  H  K  A  T  M  G  R  R  O  Z  I
T  C  G  B  B  C  W  B  X  I  S  X  L  T  T
B  H  S  R  T  O  O  A  I  I  L  Q  U  D  I
E  V  I  F  Y  T  N  E  W  T  S  E  C  L  S
```

BEGINNINGS

CALLONME

COLOURMYWORLD

HARDHABIT

JUSTYOUNME

LOOKAWAY

MADEMESMILE

OLDDAYS

SIXTOFOUR

STAYTHENIGHT

STILLLOVEME

TOSAYIMSORRY

TWENTYFIVE

WHATTIMEITIS

2000S HITS

```
S H R E J Y O A G R K E O Z L
O I M D W S T M A H D O E O I
K G D A P Q W I C X I U T B H
B L I I O E H O R Y S S V M Y
S L I T H E R F N O F Y I K U
A M Z T R C W C Z K N V V R P
A W Q M W E R H P J E I V Y R
Z X A H T I V O A J G N M P I
Q J T K D R R P E T P O O T S
Z V G E E R M S R U I V E O I
S I G R V X N U A T L F Z N N
V C O C H I S E E E M B U I G
L P J V R L D Y K W V K A T G
V F T L A S T R E S O R T E Y
M Z L A I C O S O H C Y S P S
```

AWAKE   MINORITY   WHATIF
BLUEORCHID   NOONEKNOWS
CHOPSUEY   PSYCHOSOCIAL
COCHISE   SLITHER
KRYPTONITE   UPRISING
LASTRESORT   VERTIGO

ROCK ARTISTS

```
D  B  S  C  S  C  T  U  P  D  J  A  L  B  Y
M  O  D  R  F  T  K  D  J  W  G  W  Q  S  T
P  Y  N  R  E  G  E  J  W  S  R  G  H  D  H
N  S  H  H  A  M  I  P  C  Z  U  J  H  I  E
M  L  Y  W  E  P  I  A  P  J  P  W  T  P  C
K  I  R  H  I  N  P  A  V  E  B  S  W  J  H
S  K  A  D  A  N  L  E  L  E  N  K  K  A  U
E  E  B  H  A  W  N  E  L  C  V  W  V  V  R
E  G  Z  Z  H  S  K  S  Y  F  O  E  O  P  C
G  I  F  T  O  K  P  W  F  Q  E  R  T  L  H
F  R  R  T  C  D  C  A  I  P  S  D  P  S  F
W  L  U  P  K  A  D  R  R  N  W  T  Y  M  A
R  S  S  S  D  I  K  P  N  K  D  R  Q  Q  J
V  Y  N  A  H  I  A  E  G  Q  S  W  W  O  P
K  O  L  L  E  T  S  O  C  S  I  V  L  E  B
```

ACDC	HAIM	STEVEVAI
BOYSLIKEGIRLS	HAWKWIND	THECHURCH
CAKE	PROCLAIMERS	WAR
DEFLEPPARD	RUSH	
DONHENLEY	SPARKS	
ELVISCOSTELLO	STEPPENWOLF	

Puzzle #98

LYNYRD SKYNYRD

```
Q  S  S  W  E  E  T  H  O  M  E  Z  E  B  S
V  Z  V  X  H  T  E  N  D  D  C  O  I  L  H
X  X  Y  O  H  J  U  N  U  B  W  D  A  D  W
I  S  P  E  T  S  E  E  R  H  T  F  I  H  H
O  A  T  H  E  B  R  E  E  Z  E  Q  N  K  A
I  E  M  O  H  N  I  M  O  C  A  H  T  E  T
V  L  Z  A  I  I  U  E  R  B  F  T  P  S
I  D  Q  Y  B  B  B  N  R  R  D  I  H  N  Y
I  K  N  O  W  A  L  I  T  T  L  E  E  Z  O
O  C  C  H  P  N  L  W  R  I  Q  N  O  T  U
S  I  M  P  L  E  M  A  N  S  K  G  N  B  R
Y  B  T  H  A  T  S  M  E  L  L  C  E  Y  N
T  U  E  S  D  A  Y  S  G  O  N  E  Z  N  A
Z  K  T  X  F  J  F  R  E  E  B  I  R  D  M
E  C  O  G  J  H  I  G  I  W  N  B  R  U  E
```

ALABAMA	ONTHEHUNT	TUESDAYSGONE
COMINHOME	SIMPLEMAN	WHATSYOURNAME
CURTISLOEW	SWEETHOME	
FREEBIRD	THATSMELL	
IAINTTHEONE	THEBREEZE	
IKNOWALITTLE	THREESTEPS	

ROCK ARTISTS

```
E  P  E  T  F  T  Q  C  Q  Y  U  U  J  A  T
W  R  M  K  S  P  A  U  L  S  I  M  O  N  H
Q  A  I  R  O  U  N  L  Q  X  K  I  T  W  E
R  M  R  F  A  J  D  B  K  H  D  W  K  I  S
Q  B  T  L  N  F  G  N  V  T  R  Y  Z  J  E
L  O  K  E  P  O  T  N  E  R  A  M  C  A  E
Q  K  E  G  G  L  S  N  I  V  M  L  F  R  K
J  G  H  Z  L  A  P  I  A  L  E  I  K  S  E
C  A  N  D  L  E  B  O  X  N  L  S  F  O  R
S  J  X  I  X  L  P  R  K  E  E  I  G  F  S
I  E  D  L  Y  W  K  K  A  Z  L  I  K  C  C
N  F  D  I  Z  M  R  B  I  G  V  A  L  L  C
B  Y  S  R  E  V  O  R  H  S  I  R  I  A  Y
S  S  A  R  G  R  E  P  U  S  X  L  M  Y  C
S  G  B  S  E  I  L  L  O  H  E  H  T  Q  D
```

ALEXISONFIRE
ALIENANTFARM
CANDLEBOX
GARBAGE
IRISHROVERS
JARSOFCLAY

KILLINGJOKE
MRBIG
PAULSIMON
SEVENDUST
SUPERGRASS
TALKTALK

THEHOLLIES
THESEEKERS
ZAKKWYLDE

ROCK ARTISTS

```
J  Y  Z  C  L  E  V  B  V  N  O  R  W  M  C
A  D  S  N  I  K  R  E  P  L  R  A  C  A  A
C  R  E  W  O  P  T  A  C  K  B  V  W  D  T
K  D  A  M  M  V  P  Z  I  C  E  G  Z  N  S
W  D  Q  U  T  Q  P  Q  T  S  T  J  E  E  T
H  I  K  A  I  S  E  R  C  H  I  E  F  S  E
I  L  I  N  K  I  N  P  A  R  K  U  K  S  V
T  G  Z  X  U  V  A  I  R  B  O  U  R  N  E
E  F  A  C  E  O  F  B  A  S  E  F  K  A  N
N  E  N  T  A  L  K  I  N  G  H  E  A  D  S
V  X  O  I  R  T  E  N  I  L  A  K  L  A  K
Y  B  R  S  L  A  Y  E  R  R  W  P  P  V  U
Y  T  W  Y  A  Y  N  A  D  A  S  U  R  F  N
S  D  R  A  H  C  I  R  H  T  I  E  K  W  M
L  U  N  L  A  S  D  X  L  K  O  L  R  Y  E
```

ACEOFBASE	CATSTEVENS	NADASURF
AGAINSTME	JACKWHITE	SLAYER
AIRBOURNE	KAISERCHIEFS	TALKINGHEADS
ALKALINETRIO	KEITHRICHARDS	
CARLPERKINS	LINKINPARK	
CATPOWER	MADNESS	

1990S HITS

```
Y  O  S  T  N  I  A  T  I  Y  A  S  S  W  P
S  A  N  L  D  T  H  I  G  H  E  R  K  B  K
O  V  W  U  J  E  T  H  R  E  E  A  M  U  Z
B  N  H  Y  S  A  V  M  U  E  R  R  I  V  N
E  T  A  W  M  E  P  O  O  U  T  J  K  T  G
R  M  V  N  K  O  L  Z  L  V  V  N  B  G  W
J  G  I  U  D  G  G  O  O  D  I  S  A  E  T
N  J  H  T  K  O  L  A  H  X  A  H  W  S  M
Z  B  Y  S  G  C  N  Y  N  K  B  B  E  H  P
D  V  P  C  V  N  X  N  C  N  C  N  B  I  N
L  R  B  M  P  K  I  H  C  E  O  A  S  N  K
F  P  B  V  U  L  R  S  A  M  R  G  L  E  B
U  S  E  N  O  J  R  M  O  V  J  I  M  B  T
R  W  H  A  T  I  G  O  T  L  H  M  N  M  B
N  E  C  M  M  I  T  V  E  L  C  J  B  E  O
```

BADLOVE
BLACKHOLESUN
CLOSINGTIME
GLYCERINE
GONNAGOMYWAY
HIGHER

JUMP
MRJONES
ONANDON
SANTERIA
SAYITAINTSO
SHINE

SOBER
THREEAM
WHATIGOT

2010S HITS

```
O  D  E  F  H  I  G  H  W  A  Y  T  U  N  E
N  I  G  H  T  M  A  R  E  P  C  F  N  C  T
V  S  C  T  X  Y  Y  D  C  K  O  I  S  T  E
U  L  K  R  W  G  O  P  I  U  O  G  M  I  M
Y  O  O  C  E  Y  T  A  R  N  W  U  U  G  W
I  A  Y  N  I  S  L  B  I  J  H  R  F  H  Y
R  O  W  R  E  K  I  R  C  B  H  E  Q  T  L
H  N  R  A  O  L  P  R  E  V  E  I  L  E  B
Y  D  W  K  R  F  Y  U  S  N  I  T  W  N  G
L  T  M  P  I  A  G  B  D  A  V  O  J  U  B
U  T  E  I  O  K  F  N  O  E  L  U  D  P  F
T  C  J  R  R  S  F  O  I  Y  P  T  D  Y  L
A  A  V  J  U  E  J  H  S  M  Q  M  A  D  W
D  O  I  W  A  N  N  A  K  N  O  W  U  W  N
L  E  T  I  T  H  A  P  P  E  N  C  F  P  H
```

ATLASRISE	HIGHWAYTUNE	TIGHTENUP
BELIEVER	LETITHAPPEN	
CIRICE	LONELYBOY	
COMINGFORYOU	NIGHTMARE	
DOIWANNAKNOW	PUMPEDUPKICKS	
FIGUREITOUT	SOFARAWAY	

COLDPLAY

```
M  S  N  S  E  A  D  I  V  A  L  A  V  I  V
Y  D  P  W  K  C  O  E  W  R  L  F  W  Y  J
N  E  O  E  O  K  A  Y  L  A  G  I  P  D  F
T  P  L  N  E  R  I  L  A  B  N  X  L  A  U
J  Q  P  L  T  D  B  A  P  M  U  Y  X  S  L
S  B  Y  C  O  P  O  E  W  Y  V  O  F  I  L
W  H  Z  S  U  W  A  F  I  C  M  U  R  B  O
F  P  I  E  Q  B  J  N  S  L  C  N  W  T  F
L  U  A  V  B  I  A  K  I  O  R  A  I  E  S
M  A  D  R  E  T  S  M  A  C  U  A  W  O  T
R  L  I  J  A  R  T  A  L  K  C  N  H  E  A
A  T  I  D  A  D  E  N  E  S  G  P  D  C  R
N  T  H  E  S  C  I  E  N  T  I  S  T  V  S
L  J  L  E  F  P  C  S  W  Y  Y  L  A  O  T
C  W  L  F  V  I  O  L  E  T  H  I  L  L  X
```

AMSTERDAM	INMYPLACE	TROUBLE
CHARLIEBROWN	PARADISE	VIOLETHILL
CLOCKS	SHIVER	VIVALAVIDA
DONTPANIC	SPEEDOFSOUND	YELLOW
FIXYOU	TALK	
FULLOFSTARS	THESCIENTIST	

DEEP PURPLE

```
S  N  B  N  M  E  R  E  G  F  N  H  K  Y  H
M  C  A  L  I  V  H  T  G  O  A  B  U  G  I
O  D  H  M  I  K  P  Z  H  L  Q  O  J  S  G
K  U  I  I  N  N  C  K  Y  P  K  M  L  K  H
E  F  S  B  L  I  D  U  Q  Y  N  I  N  J  W
O  I  G  P  L  D  V  M  R  U  Z  F  F  T  A
N  R  G  W  E  A  I  O  A  T  H  L  A  Z  Y
W  E  T  P  A  E  C  N  L  N  E  R  X  Z  S
A  B  P  G  S  O  D  K  T  D  C  C  M  J  T
T  A  U  A  I  R  D  K  N  I  R  R  A  Z  A
E  L  K  R  J  F  J  E  I  I  M  A  I  P  R
R  L  A  I  N  W  N  K  Y  N  G  E  H  E  S
C  N  Y  G  G  J  C  M  G  L  G  H  K  J  S
N  H  D  E  T  A  E  R  T  S  I  M  T  U  I
U  P  E  R  F  S  T  R  A  N  G  E  R  S  J
```

BLACKNIGHT

BLINDMANCRIES

BURN

CHILDINTIME

FIREBALL

HARDLOVINMAN

HIGHWAYSTAR

HUSH

LAZY

MISTREATED

PERFSTRANGERS

SMOKEONWATER

SPACETRUCKIN

SPEEDKING

FOREIGNER

```
N  I  G  H  T  L  I  F  E  M  W  D  U  T  H
O  N  O  I  S  I  V  E  L  B  U  O  D  H  E
Y  Y  R  T  U  H  K  P  B  T  I  N  E  E  A
O  A  H  H  N  O  O  R  P  D  E  T  D  F  D
U  D  L  I  S  E  Y  T  D  Z  M  L  L  I  G
R  C  B  A  N  K  G  E  B  A  D  E  G  R  A
A  M  I  U  D  Z  Y  R  K  L  C  T  R  S  M
L  L  A  M  I  P  S  Y  U  I  O  G  I  T  E
L  B  S  W  E  C  I  S  A  D  L  O  C  I  S
I  X  S  A  Y  Y  O  U  W  I  L  L  D  M  E
A  W  W  H  A  T  L  O  V  E  I  S  R  E  X
M  Y  A  D  R  E  T  S  E  Y  S  A  W  I  D
Y  N  B  H  K  R  E  D  I  R  R  A  T  S  G
G  I  R  L  O  N  T  H  E  M  O  O  N  M  H
B  H  C  J  O  R  E  H  X  O  B  E  K  U  J
```

COLDASICE	HOTBLOODED	URGENT
DONTLETGO	JUKEBOXHERO	WASYESTERDAY
DOUBLEVISION	NIGHTLIFE	WHATLOVEIS
GIRLLIKEYOU	SAYYOUWILL	YOURALLIAM
GIRLONTHEMOON	STARRIDER	
HEADGAMES	THEFIRSTIME	

LINKIN PARK

```
A  L  Y  I  N  G  F  R  O  M  Y  O  U  C  X
M  O  B  T  Z  E  P  W  D  B  S  U  N  R  B
I  S  F  M  U  Z  W  A  M  Q  Q  O  Z  L  Y
R  T  B  F  U  O  T  D  P  Q  T  Y  N  J  O
I  I  F  A  I  N  T  G  I  E  Y  L  K  O  Y
D  N  E  E  H  T  N  I  N  V  R  F  L  X  J
E  T  V  S  A  R  D  G  D  I  I  C  A  F  O
S  H  I  Z  I  V  N  I  M  E  L  D  U  Z  I
C  E  A  U  P  L  F  V  R  Q  E  W  E  T  D
E  E  C  A  S  T  L  E  O  F  G  L  A  S  S
N  C  N  Y  T  E  E  N  Y  Q  G  Q  B  R  V
T  H  S  F  G  R  J  U  J  Z  F  X  W  N  C
M  O  N  E  S  T  E  P  C  L  O  S  E  R  M
W  H  A  T  I  V  E  D  O  N  E  Z  Z  W  V
T  H  E  C  A  T  A  L  Y  S  T  A  U  J  J
```

BLEEDITOUT
CASTLEOFGLASS
CRAWLING
FAINT
GIVENUP
INTHEEND

IRIDESCENT
LOSTINTHEECHO
LYINGFROMYOU
NEWDIVIDE
NUMB
ONESTEPCLOSER

PAPERCUT
THECATALYST
WHATIVEDONE

PEARL JAM

```
B B E H T A E R B T S U J S Q
E C E V E N F L O W F E M X F
T J U S I B W M H U A T Q M I
T U K U N L S S J R D L B W Z
E S G Q G A A C P G O C S T O
R W B W L C E W H I N O T E E
M B T R H K W C N V Q R F K P
A Q O F F H E G O E S D A O W
N A U I N H I D I N G U S G H
W V L W D A U G H T E R V A J
Z N A M G N I H T O N O N C E
H J G P E Q I H N F G Y Y A R
H S H A I L H A I L D N G J E
R I S V E V L S P Y Q G O X M
B I I B I M M O R T A L I T Y
```

ALIVE
BETTERMAN
BLACK
CORDUROY
DAUGHTER
EVENFLOW

GIVENTOFLY
HAILHAIL
IMMORTALITY
INHIDING
JEREMY
JUST BREATHE

NOTHINGMAN
OCEANS
OFFHEGOES
ONCE

ROCK ARTISTS

```
V  H  B  J  S  E  O  L  E  M  E  R  T  R  A
L  T  O  G  R  E  C  N  A  M  O  R  E  Z  P
D  A  S  B  N  E  E  T  S  G  N  I  R  P  S
Z  I  T  H  S  I  F  G  I  B  L  E  E  R  Z
M  B  O  E  T  E  D  H  A  W  K  I  N  S  F
O  A  N  N  M  C  V  D  P  P  J  Z  E  T  F
Z  I  S  S  D  Y  R  R  E  H  C  K  C  U  B
T  F  Z  T  C  I  B  T  P  R  O  Q  G  O  H
O  O  C  C  O  H  M  A  W  U  S  E  V  S  P
M  A  F  C  A  D  S  U  B  F  V  I  N  V  R
W  Z  J  F  O  V  O  R  C  L  Z  X  T  I  L
A  P  M  H  O  O  Z  N  K  C  P  F  J  O  X
I  N  V  V  V  T  S  T  A  T  I  C  X  G  S
T  D  R  M  D  T  Y  O  J  R  I  N  R  P  K
S  O  L  E  A  H  C  I  M  E  G  R  O  E  G
```

BABYMETAL

BOSTON

BUCKCHERRY

DIONDIMUCCI

GEORGEMICHAEL

MASTODON

OTISREDDING

PHOENIX

REELBIGFISH

SPRINGSTEEN

STATICX

TEDHAWKINS

TOMWAITS

TREMELOES

ZEROMANCER

ROCK ARTISTS

```
L  D  N  O  G  A  W  D  E  E  P  S  O  E  R
A  V  F  C  O  W  S  L  A  S  H  T  P  E  G
R  F  X  R  Q  Z  T  F  L  I  X  P  S  I  I
L  A  T  B  E  X  F  O  N  R  C  D  D  Q  W
R  E  S  H  U  T  S  R  O  T  I  D  E  P  Z
P  Y  I  N  C  C  N  E  U  X  A  I  N  R  J
D  Y  Q  R  O  S  N  I  G  H  T  M  A  R  E
U  E  L  A  B  S  A  G  W  N  G  P  H  F  K
X  G  H  C  E  A  A  N  M  Y  H  Z  T  C  S
G  B  T  Y  H  B  G  E  E  O  N  Z  B  I  Z
P  Z  L  C  J  J  I  R  S  K  X  N  P  Z  B
X  F  S  Q  U  E  E  Z  E  R  A  V  H  S  Y
N  O  I  S  I  V  E  L  E  T  U  H  D  O  G
K  N  Z  F  A  B  I  A  N  A  E  O  L  E  J
V  K  R  L  A  N  Z  U  F  F  L  P  F  A  D
```

EDITORS   JOHNNYWINTER   SLASH
FABIAN   NIGHTMARE   SQUEEZE
FOREIGNER   NOFX   TELEVISION
FOURSEASONS   PETERGABRIEL
HAKEN   REOSPEEDWAGON

ROCK ARTISTS

```
L E Q E K A N S E T I H W G R
I C T O D D R U N D G R E N Y
Y T Q H M K N A K U W M V U O
N Z D M E T A L L I C A O U H
T S Z D S B Q W R P R R S S X
J Z D I R E Y C S Y X O O E K
R G T I L A R A C Q O U G V
V L I V U N Z T D R F N C C P
G K D T T Q I I A S D F R H R
D D A M R I S H L E Z I P W F
O C I N T A D E T S B V A D W
W H G F S R E K H N U E T C K
V E N S D A M H B T P S H O S
W J G E I L S B A N D Q E T K
E N A R H C O C M O T N M J Y
```

CARDIACS
HEART
JESUSLIZARD
JGEILSBAND
KANSAS
MAROONFIVE

METALLICA
NICO
THEBEATLES
THEBYRDS
THESQUIDS
THINLIZZY

TODDRUNDGREN
TOMCOCHRANE
WHITESNAKE

ROCK ARTISTS

```
K Y L F R E T T U B N O R I Z
D A S D A J E D A F S S O R C
L S D N I M E L P M I S H O W
R P A H X T G U L I Z M Z L K
J I M I H E N D R I X U P L E
D Q S M A S H M O U T H A I N
F O M B A D B R A I N S E N N
Y Z O O X A N F Z V G L A S Y
N X K G C I N E M A C L U B R
M N H E L N J U U S R O Q A O
U M G U I E C W T T Y X G N G
E L M U O I E L I T K B X D E
O F F D U F U F M U O M A L R
G D Q U E E N S R Y C H E I S
G J B D A E H O I D A R F J J
```

BADBRAINS   IRONBUTTERFLY   SIMPLEMINDS

BASTILLE   JIMIHENDRIX   SMASHMOUTH

CINEMACLUB   KENNYROGERS

CROSSFADE   QUEENSRYCHE

DRFEELGOOD   RADIOHEAD

HOTTUNA   ROLLINSBAND

ROCK ARTISTS

```
C  I  P  Y  D  P  H  I  L  L  E  S  H  C  N
T  J  V  G  K  X  H  H  P  D  F  F  F  M  D
D  S  P  A  A  Y  O  M  E  L  V  I  N  S  D
S  W  F  S  L  R  R  W  A  Y  U  R  I  K  C
U  E  S  E  O  E  Y  E  K  N  Z  P  S  K  F
W  G  M  L  I  N  S  L  G  H  S  G  K  K  F
B  O  A  A  A  M  I  T  E  N  O  U  K  X  K
G  J  B  Q  L  M  M  C  O  W  I  R  N  Y  D
I  C  U  N  R  F  I  G  Y  R  I  F  V  R  R
U  M  S  N  I  U  N  N  X  O  M  S  D  A  P
U  N  T  Y  K  A  Y  I  A  L  U  J  Z  A  A
G  P  M  A  O  Y  R  E  Y  I  N  T  K  E  B
S  W  E  H  T  T  A  M  E  V  A  D  H  A  H
C  L  J  A  S  S  T  R  A  Y  C  A  T  S  C
I  O  A  X  G  J  C  Z  D  W  F  L  G  X  G
```

ALESTORM	JUNKYARD	SONICYOUTH
ANIMALS	MANSUN	STRAYCATS
BADFINGER	MELVINS	
DAVEMATTHEWS	PHILLESH	
GARYLEWIS	PULP	
INFLAMES	RAINBOW	

ROCK ARTISTS

```
Y  P  I  S  T  O  M  M  Y  B  O  L  I  N  Y
N  S  U  M  I  R  P  W  T  W  F  X  C  B  J
N  Z  V  Y  I  N  O  S  I  B  R  O  Y  O  R
O  N  C  H  T  M  J  R  T  N  T  S  Z  T  X
Z  N  I  A  B  R  E  R  Y  M  G  I  A  E  S
Z  A  O  F  U  K  A  V  U  S  Y  E  F  W  X
Y  T  Q  R  F  R  A  P  A  O  T  D  R  A  M
O  W  J  Z  T  J  X  C  C  N  C  O  N  F  Z
S  R  G  I  S  Y  E  U  C  O  H  C  R  X  B
B  S  I  V  Y  Z  D  F  L  F  L  A  W  M  H
O  F  M  O  T  O  L  A  F  F  U  B  L  R  A
U  Z  E  G  S  U  L  W  L  B  T  V  U  E  Q
R  O  G  E  R  D  A  L  T  R  E  Y  V  Q  N
N  X  G  Z  T  N  B  R  E  H  H  C  A  P  V
E  U  S  T  A  B  M  O  W  E  H  T  K  O  L
```

BLOCPARTY	PRIMUS	TOMMYBOLIN
BUFFALOTOM	ROGERDALTREY	VANHALEN
FLAW	RORYSTORM	WINGER
JEFFBECK	ROYORBISON	
LADYTRON	STYX	
OZZYOSBOURNE	THEWOMBATS	

ROCK ARTISTS

```
W  S  T  Q  W  Y  Y  V  J  B  G  P  X  R  M
G  N  E  M  D  N  A  E  C  I  M  F  O  C  B
S  A  M  I  A  I  V  H  S  V  B  R  M  T  O
I  I  R  H  X  Q  F  F  R  S  R  Y  W  B  E
Y  V  S  Y  W  I  T  A  H  V  I  A  G  V  T
T  I  K  E  N  N  P  V  C  L  A  R  F  G  S
T  J  Z  I  N  U  N  C  N  C  N  M  R  O  B
W  B  E  T  T  E  M  I  D  L  E  R  I  O  F
N  R  L  G  K  O  G  A  J  M  N  P  A  P  M
H  O  T  U  V  Z  M  K  N  F  O  G  T  S  T
S  L  Y  B  R  Y  A  N  A  D  A  M  S  Y  R
I  U  S  G  A  R  F  U  N  K  E  L  V  P  V
P  C  A  A  Y  R  K  J  W  M  O  Y  C  B  X
A  K  T  L  L  E  H  C  T  I  M  I  N  O  J
M  H  M  J  A  M  X  O  V  A  R  T  L  U  V
```

ACCEPT	FALCO	OFMICEANDMEN
AFI	GARFUNKEL	PIXIES
BETTEMIDLER	GARYNUMAN	ULTRAVOX
BLUR	GENESIS	
BRIANENO	JONIMITCHELL	
BRYANADAMS	MORRISSEY	

ROCK ARTISTS

```
S  S  U  Y  K  A  Y  U  M  L  O  J  F  Y  C
L  B  C  O  Q  K  M  E  P  V  V  C  N  O  A
N  I  R  V  A  N  A  G  R  F  B  O  F  F  Q
P  L  O  Q  J  L  T  X  I  Z  L  W  U  B  T
L  T  E  T  Z  O  L  W  S  N  U  E  O  R  H
A  Y  G  N  H  K  C  L  D  N  E  M  I  J  E
I  G  M  V  N  G  Q  F  R  M  R  O  Z  B  R
N  T  M  D  S  Y  I  A  I  S  O  R  B  M  A
W  W  Q  B  T  J  K  N  E  H  D  I  H  I  S
H  E  G  Y  M  J  Z  R  D  C  E  S  F  A  M
I  X  R  T  N  E  P  G  A  I  O  S  T  A  U
T  E  Q  V  S  X  G  Z  K  V  M  E  U  H  S
E  R  Q  R  O  Y  W  O  O  D  I  T  Z  G  W
T  D  Q  Z  Q  D  S  E  P  U  L  T  U  R  A
S  R  E  N  R  U  T  A  N  I  T  E  Z  Y  G
```

AMBROSIA
BLUERODEO
ELF
ENIGMA
KYUSS
LENNYKRAVITZ

MIDNIGHTOIL
MORISSETTE
NIRVANA
PLAINWHITETS
ROYWOOD
SEPULTURA

THERASMUS
TINATURNER

ROCK ARTISTS

```
Y  O  S  L  Q  G  A  U  N  U  P  A  I  D  U
T  Q  K  J  X  S  W  O  D  A  H  S  E  H  T
B  L  O  N  D  I  E  N  O  B  H  S  I  F  A
N  H  Q  F  I  N  T  H  E  S  C  R  I  P  T
W  H  R  C  D  L  N  D  O  F  U  T  Z  E  U
G  O  K  S  G  Y  B  A  L  O  E  R  E  T  S
Y  X  E  Z  T  S  O  R  F  C  I  T  L  E  C
T  J  Y  U  H  A  T  J  M  P  B  H  B  R  D
E  S  E  K  O  R  T  S  E  H  T  U  V  T  Q
H  P  R  B  X  E  L  F  A  D  E  M  P  O  B
N  F  N  A  P  S  E  Y  E  L  E  E  T  S  S
W  L  G  A  R  Y  M  O  O  R  E  T  X  H  X
C  X  C  F  I  R  E  F  A  L  L  R  A  G  U
Z  Y  G  C  M  J  N  V  O  S  E  I  K  H  W
U  K  A  M  D  O  W  S  U  G  A  R  R  A  Y
```

BLINK

BLONDIE

BOTTLEMEN

CELTICFROST

FIREFALL

FISHBONE

GARYMOORE

PETERTOSH

STEELEYESPAN

STEREOLAB

SUGARRAY

THESCRIPT

THESHADOWS

THESTROKES

UFO

ROCK ARTISTS

```
I  D  A  G  W  F  O  C  U  S  A  P  D  V  J
Y  E  N  T  R  A  C  C  M  L  U  A  P  M  A
V  P  S  I  E  A  L  M  L  Z  B  E  B  E  H
P  J  T  J  W  D  N  L  E  K  W  B  K  N  S
J  I  E  A  S  T  D  D  F  J  K  N  E  R  J
O  W  E  M  W  H  H  I  F  L  E  W  Y  M  N
E  L  L  E  V  E  H  C  E  U  O  D  Y  Y  W
J  C  P  S  L  M  E  T  L  V  N  W  M  Y  T
A  Y  A  T  H  O  U  Z  A  E  E  K  E  F  I
C  L  N  A  V  T  T  J  E  S  W  D  X  R  D
K  M  T  Y  A  E  L  D  V  R  G  B  D  W  S
S  F  H  L  V  L  C  H  I  C  A  G  O  E  Y
O  H  E  O  E  S  K  H  L  J  K  I  E  B  R
N  U  R  R  M  U  L  Y  S  A  L  U  O  S  K
H  T  T  D  N  A  L  I  E  W  T  T  O  C  S
```

BOBWELCH	JAMESTAYLOR	THEMOTELS
CHEVELLE	JOEJACKSON	WALLFLOWERS
CHICAGO	PAULMCCARTNEY	WEEZER
EDDIEVEDDER	SCOTTWEILAND	
FOCUS	SOULASYLUM	
GRANDFUNK	STEELPANTHER	

THE CLASH

```
Q Y K S E T A K S P A E H C S
G U N S O F B R I X T O N Q L
T L I A F T N A C E I D U R O
R A D F G A R A G E L A N D N
A S E E O I E J F Z P W Q I D
I H P H A U X I T S O C P F O
N O U K R T G Z G Y D Z W L N
I U S K W E H H I N T I C Y C
N L J E N H D O T P X A B J A
V D U J Y P Z N R T D P D J L
A I A U Y R C F U G H V Z U L
I S V M M T C R U L L E S V I
N T O I R E T I H W O O L N N
H A B S A C E H T K C O R A G
K Y A L U F E T A H S E C Y W
```

CHEAPSKATES
COOLUNDERHEAT
DEATHORGLORY
GARAGELAND
GUNSOFBRIXTON
HATEFUL

IFOUGHTTHELAW
LONDONCALLING
ROCKTHECASBAH
RUDIECANTFAIL
SHOULDISTAY
TRAININVAIN

WHITERIOT

THE DOORS

```
T  P  Y  N  P  I  E  B  N  W  U  C  P  D  R
G  H  I  L  H  E  E  N  O  N  G  H  S  C  I
R  N  E  H  D  L  A  W  O  M  A  N  E  P  D
O  M  O  S  S  A  B  C  E  O  S  H  A  N  E
A  L  Z  S  T  L  M  T  E  M  T  W  C  T  R
D  D  D  D  A  O  A  R  H  F  H  E  J  L  S
H  Y  P  N  L  M  R  T  E  R  C  V  X  O
O  A  U  H  C  B  A  M  S  H  E  O  U  I  N
U  Z  I  E  K  C  Z  B  F  Y  E  N  G  O  F
S  D  A  Q  H  N  Z  B  A  R  R  V  D  A  T
E  A  E  U  O  Y  E  V  O  L  I  C  O  O  T
B  B  A  C  K  D  O  O  R  M  A  N  S  L  W
L  N  E  D  I  S  R  E  H  T  O  E  H  T  T
U  E  R  I  F  Y  M  T  H  G  I  L  Q  G  Y
E  J  R  E  V  O  S  C  I  S  U  M  E  H  T
```

ALABAMASONG	LIGHTMYFIRE	THEMUSICSOVER
BACKDOORMAN	LOVEHERMADLY	THEOTHERSIDE
CRYSTALSHIP	PEACEFROG	THESTORM
FIVETOONE	RIDERSON	TOUCHME
ILOVEYOU	ROADHOUSEBLUE	
LAWOMAN	THEEND	

U2

```
Y  O  A  U  S  M  Q  J  H  B  I  Z  A  F  S
M  A  D  O  I  U  F  G  Y  Y  A  T  S  N  G
Y  F  D  M  A  K  T  H  A  A  R  D  M  T  X
S  Y  B  S  A  G  P  W  W  P  H  T  G  A  H
T  E  A  E  R  P  N  A  A  Q  O  Z  E  L  H
E  I  M  D  R  A  R  I  Q  M  W  R  Y  E  U
R  S  V  A  L  I  E  V  M  A  I  R  O  L  G
I  Y  A  D  N  U  S  Y  D  O  O  L  B  O  S
O  G  D  E  W  O  F  E  W  B  C  R  Q  N  Z
U  H  E  P  L  N  N  I  D  E  G  E  Q  P  I
S  T  D  R  Q  P  O  E  T  N  N  K  M  A  W
W  R  H  I  W  Y  V  K  V  U  F  D  B  O  O
A  N  T  D  R  K  C  L  L  A  A  V  S  A  H
Y  P  H  E  F  F  E  R  J  A  H  E  T  P  I
M  W  O  L  L  O  F  L  L  I  W  I  B  F  G
```

BAD	HOMECOMING	STAY
BEAUTIFULDAY	IWILLFOLLOW	WALKON
BLOODYSUNDAY	MYSTERIOUSWAY	ZOOROPA
DESIRE	NEWYEARSDAY	
GLORIA	PLEASE	
HAVENONAME	PRIDE	

ROCK ARTISTS
Puzzle # 1

```
              N A D Y L E E T S
    T     W H I T E Z O M B I E
    A     P H I S H             M
    L E M O N H E A D S     A   I
B         B           N       L S
H A       L             O     I O
U   D         O     A       T Z N
E     C           V     C     F E I
Y     N O L E M D N I L B E C
L         M                 P       D
E             P                 E
W             R A M O N E S
I R U O F F O G N A G
S                         Y
J E R R Y L E E L E W I S
```

QUEEN
Puzzle # 2

```
      T S U D E H T S E T I B
  S           B                   K
  H A M M E R T O F A L L I
  O             E               L M
  W               A             L Y
  M                 K           E B
  U                   F         R E
  S R A G A G O I D A R     Q S
  T   H                     E U T
  G E C A R E L C Y C I B E F
W O N E M P O T S T N O D E R
  O         H S A L F         N I
  N             B O H E M I A N E
      I N N U E N D O Y           N
                      Y           D
```

ROCK ARTISTS
Puzzle # 3

```
L M R O Y A L B L O O D
P E O U Q S U T A T S
O   B R E P L A C E M E N T S
R     A R P             P
C   A     L I M N       O
U     R     K S A R C
P       C     C D C O
I           H     A A N Y
N             E     L Y E E
E         I V O J N O B     L T
R             T N E E W O L L E H
R             O         M       E P
E             T             Y     M
E   S R U O C T E U Q R A P
    N O S R E F F O T S I R K
```

ROCK ARTISTS
Puzzle # 4

```
    Y E L K C U B F F E J
                  I       L       S
M A               F       F I     T
  O R             F       A T     R
  T B C           Y       M T     A
  B A Y T         C       I L B T
N S L E G I       L       L E R O
K W S I H R C     Y       Y F I V
  R O E N D A M R         F E G A
  O D N D E P O           O A H R
      K E O F N E N       R T T I
          U N R A N D K C   E U
          S I A I A E E     Y S
          H B T C V Y E
  T H E G U E S S W H O O S
```

ROCK ARTISTS
Puzzle # 5

```
      T O L E M A K
T T E F F U B Y M M I J     S
N   N E W O L E M I T L L A N
  O   O V   D                 O
M R T B S A   I             W
  U I P I L N R C           P
T   R S M G E E O T         A
  H D A E A C N S X A       T
    E E H A R O K C E T     R
      P S L G F U W E T O   O
        O U O A R N A N T R L
          L E C I E T H C E S
            I H O N T R   E
            C T R S E Y
            E   P T P
```

ROCK ARTISTS
Puzzle # 6

```
L     B S
I Z   I E L J E R R Y R E E D
V D A L R S L A D E         H
I   R L E E S I             O
N   Y L V V I K             T
G N B C N I O N E E         C
C R A O   Y R L E S H       H
O   E R B   K O P D M T     O
L   G U D   S G U N I       C
O   A A D Y   D E O H T     O
U   N   L N L   R E R O H L
R       L A A   Y R G J A
        M R N   N F     T
        A U       Y     E
        N D         L
```

ROCK ARTISTS
Puzzle # 7

```
  I S L E Y B R O T H E R S
  T S     H O U Q S U T A T S
M H T N   C U E O R Y M M O T
E E H   O A I M A U O Y
A O E   S     B
T U R   S R     L
P T A   E A     E
U L S   L   P     P
P A C   L O S E N S S I L B
P W A   I       A     E
E S L   O         L
T   S   T Y D D E E N A U D
S K C A L B K C A J
  E S U O M T S E D O M
  E T T O L R A H C D O O G
```

THE ROLLING STONES
Puzzle # 8

```
R   P A I N T I T B L A C K U
R A     H S A L F K C A J   N
U O G N   O       B         D
B N C U O A N G I E         E
Y L S K S I   K   A         R
T Y T W S N T   Y S         M
U R A I   O W C U T         Y
E O R L     F O A O O       T
S C T D     F R F Y N       H
D K M H       B S S K       U
A N E O       U   I S       M
Y R U R       R       T I B
  O P S       D         A M
  L R E T L E H S E M M I G S
  L   S       N
```

ROCK ARTISTS
Puzzle # 9

```
  B S U P E R T R A M P
  N U
A   I D     W O R D I K S
S E   L D S           O   C G
H   Y   E Y M           L H R
      B   P H R           E A
      D   P O E           A H
  T       O S E L G G U B P A
  O H       O   Z L E       T M
  M   E       G   D Y H     R P
  P       C         O   E T I A
  E         U         L   L C R
  T             R         L   K K
  T N O I T C E R I D E N O E
  Y   J A M E S G A N G H     R
```

METALLICA
Puzzle # 10

```
H T A E D G N I P E E R C
  N E M E S R O H R U O F
F       U N   L
A   N       N E S E
D   C A L L O F K T U L U
E N O   M       O C E F
T       D         R A P
O     B       N       G L P
B       A       A       I B U
L           T       S       V   P
A           T     O R I O N E
C               E       E         N
K S A D B U T T R U E T
                  Y       N
J U S T I C E F O R A L L E
```

ROCK ARTISTS
Puzzle # 11

```
T   A L T E R B R I D G E
      B R R A T S O G N I R
H E       L
C B U A R C A D E F I R E
H I B       C         P
O   L E D I R K       S     N
R     L T       F       A E
D     Y A         L       W
E       J K         A     O
T       O S           G   R
T   H T O R E E L D I V A D
E             L A         E
S           E I T O O H   R
  S R E T H G I F O O F
  N A I S I N A J
```

DEF LEPPARD
Puzzle # 12

```
        L A D Y S T R A N G E
R A G U S E M O S R U O P O
T R O C K E T L A M I N A D
L I   P R O M I S E S     S
O N     N           T     O
V N O           G         F
E H I D           O       W
B   Y L D                 A
I       S O E H I G H N D R Y
T N U G A T O G S Y L L I B
E           E F A
S             R   M
              I   R
K C O R K C O R   A   A
    H P A R G O T O H P
```

1960S HITS
Puzzle # 13

T	R	E	Y	B	A	B	E	B	E	M			
H	I	E	V										
E	M		T	O									
L	A		N	L	L							I	J
O	B		H	I	E	R						T	U
C	E	E		A	V	K	U					S	D
O	L		V		N	O	S	O				A	Y
M	I			I		K	L	R	Y			L	B
O	E			Y	L		Y	D	E	R		L	L
T	V				Z	W		P	O	T	O	R	U
I	E				A	A		A	O	L	F	I	E
O	R				C	R	Y	I	N	G	E	G	E
N						C	S		K		H	H	Y
R	E	V	O	L	U	T	I	O	N			Y	T	E
	K	C	A	B	U	O	Y	T	N	A	W	I		S

THE POLICE
Puzzle # 14

		N	U	S	E	L	B	I	S	I	V	N	I
	S	Y	N	C	H	R	O	N	I	C	I	T	Y
		D	A		S	O	L	O	N	E	L	Y	
S		R	D		R	O	X	A	N	N	E		
O	K		H	I	R		F						
C	I		T	V	E		E	A					
L	M		N	A	A	E	H		L	L			
O	E			G	D	E	N	T		T	L		C
S	S			O	E	R	T	O			T	O	O
E	S			F	D	B	O	Y			O	U	N
T	A			P	O	Y	T	N				B	T
O	G				A	D	R	E	A			A	A
M	E				I	O	E	A					C
E	I				N	D	V	R	T				T
	N	E	X	T	T	O	Y	O	U			E	S

1980S HITS
Puzzle # 15

	N	D	B				A				
		O	R	T	D			C			
			O	F	U	L			I		
L		W	K	M	E	O	O			R	
O		A	E		E	E	T	F			F
N		L	N		H	L	I	R			A
E		K	W			T	G	T	E		
L		O	I			T	O	U	T		
Y		F	N	O	D	L	O	H	A	O	N
H		L	G					K	D	H	E
E	D	I	S	N	I	L	I	V	E	D	R	S	C
A		F		N	I	A	R	T	Y	Z	A	R	C
R		E	V	O	L	R	E	H	G	I	H		B
T			R	E	V	I	D	Y	L	O	H	
	B	U	R	N	I	N	F	O	R	Y	O	U

ROCK ARTISTS
Puzzle # 16

D		F	U	T	U	R	E	I	S	L	A	N	D	S
	A			U			T						
	V			L			H						
	M		I		E	S	U	O	H	E	C	I	
S	O			D		P	L			F			
A	N	C	K		G		O				I		
V	S	A	C		I		R			T		X	
O	T	E	E	R	A		L		U		H		X
Y	E	H	M	S	D	N	U	M	D	E	E	V	A	D
B	R	E	A	O	I	K		O			F	
R	T		K	J	R	G	E		U	O	
O	R		I	K	T	A	H		R	
W	U		N	C	N	N	T	M	
N	C			K	I	O	S	A	
	K			S	R	M	T	

THE GRATEFUL DEAD
Puzzle # 17

```
      W E D G N I N R O M
  R     N E H P E T S T S
E   E       I           R
  Y   W   C A           U
    E   O W A R T S K C A J
    R O   T   S F     K
    I   F   N D E O   I
    P     T   I A Y X N   A
    P       H R L R J O   L
    L         E   K K O B T
    E         W W   N S N H
              O   O   A T E
              L     R   R A S
              F       L   F R
T O U C H O F G R E Y   D
```

KISS
Puzzle # 18

```
        F O R L O V I N Y O U
  L       R O C K C I T Y
  G O D O F T H U N D E R
  E   V         B             S
D   M   E R     L             H
  U   K A G O E A             O
    O   C L U C C             U
  S   L O L N K U             T
  T     T H N D N E           I
  R   E I   S I   R D         T
  U   V E   A G   O           O
  T     O V M   H   L       U
  T     L   O       T     L T
  E         R N L
  R     C O L D G I N
```

1980S HITS
Puzzle # 19

```
M     T E E N A G E R I O T
I                       W
D     M E T A L H E A L T H
N S D N U O R D N A D N U O R
I H E                 N
G A   N               A
H K   D O O G O S S T R U H
T E   R   Z N O W A Y O U T
B I   E   U R         C
L T   F   R E         K
U U   U     G G
E P   G H E A V E N
        E N A I D D N A K C A J
  T H E L O O K     T D
  E V O L I E N O E H T
```

ROCK ARTISTS
Puzzle # 20

```
      S
  J H T H E T U R T L E S
  R O C T E T
  E   H A E L H
  D   N O J B E
M     N R N Y H
A     K   Y A A L I
R   G   R   C P O Y V
S G G A C S Z O B A A J N E
V G O M E Z     J   S P   N S
O   M         B   H       E
L   P A U L W E L L E R
T   R A N D Y N E W M A N
A   A
    Y P H I L C O L L I N S
```

ROCK ARTISTS
Puzzle # 21

C	B											T
R	O		O	B		R	O	V	I	V	R	U	S	E
P	E	U	S	N	A						P	N
R		G	N	P	N	D					I	Y
I			N	T	O	I	L	A	G	U	N	S	N	E
M			I	I	O	E	A				D	A
A		R	S		F	N	K	T	N		O	R
L		E	T		R	G	Y	Y	D		C	S
S			Y	U		E	C	T	L	S		T	A
C			A	R		D	R	O	E		O	F
R			M	T	G	W	O	O	R	R	T
E	S	A	C	O	K	E	N	S	N	O	W	T	S	E
A			H	E	O	P	S	H	R
M		E	R	I	F	N	O	H	G	I	H
			J	T

BRUCE SPRINGSTEEN
Puzzle # 22

A	S		T	H	E	R	I	V	E	R
	S	D									I
H			U	N	W	O	D	N	I	O	G	M	I
	U			E	A				B		O
C	R	M			H	L			A		N	H
J	O		A			T	D		C		F	U
U	S	V		N			N	A	K		I	N
N	A	E		T			I	B	S		R	G
G	L	B	O	R	N	T	O	R	U	N	T		E	R
L	I		M			U		R				Y
E	T			E			C		E	O		H
L	A						H	E		B	E
A	A	T	L	A	N	T	I	C	C	I	T	Y		A
N		G	L	O	R	Y	D	A	Y	S		R
D	P	R	O	M	I	S	E	D	L	A	N	D		T

1970S HITS
Puzzle # 23

D		B	K			R	E	D	N	E	R	R	U	S
	N	A	A	C	A	T
P	N	I	M	B	A	Q	H
S	Y	U	W	E	Y	L	U	E
Y		T	R	E	R	H	B	A	R
C	G		T	E	H	I	O	E	L	E
H	N		E	H	T	C	L	H	U	A
O		C	O		B	T	N	A	D	T	N	P
K		A	G		K	N	I	N	O	O	G	E
I			R	A		C	O	T	W	N	T		R
L			A	G		A	D	S	O		N
L				V	N		L	N	U	M		I
E					A	A		B	A	D	A
R						N	B			B		N
			C	O	M	E	S	A	I	L	A	W	A	Y

FLEETWOOD MAC
Puzzle # 24

N		E	M	E	V	O	L	U	O	Y	Y	A	S
S	A	Y			D
N	D	M	M	A			R
U	O	A	O	W		N	I
D	F	N	E	W	N		O	B
	A	G	T	R	T	W	E	N	G
T		E	N	S	D	S	O	V	N	N
H			H	I	T		U	R	O	A	O
E			Y	V	O		D	U	L	I	S
C			E	M	O	P		D	O	G	H
H			M	R	L			L	Y	I	R
L	A	N	D	S	L	I	D	E	E		O	O	B
I				L	V	K				G	G
N		L	L	E	W	H	O	O	A	R	A	S
E	M	T	U	O	B	A	K	N	I	H	T	M

ROCK ARTISTS
Puzzle # 25

```
W A Y N E F O N T A N A
  E U R C Y E L T O M
F L E E T W O O D M A C
  R L I T       X A R H T N A
  A   I
  N   O H
  D     W S B L A C K F O O T
  Y K     T S E N I V E H T
  R I         U E
  H D E R E K T R U C K S
  O R S L A I C E P S E H T
  A O             Y
  D C   R E G G A J K C I M
  S K C A B L E K C I N
```

ROCK ARTISTS
Puzzle # 26

```
        J O Y D I V I S I O N
G     R   O L T
  H     E   H I O
J O     K Y N F V
O O A S I S C E M E E
Y     R T     O L A H L
C     A   B     C D Y O O
E D O M E H C E P E D A U
M     M           O I L S
A     S T Y P E R     J D L E
N     T C H I C K E N F O O T
O S L E A T E R K I N N E Y B
R     I
  S A N N O D E H T
```

VAN HALEN
Puzzle # 27

```
      M E A N S T R E A T
E M T O G Y L L A E R P I
  B H   N I Y R C S E I M A J
R U E     A         T U
U N D A       B       H   J
N C E   U       O     E
N H V     T       U     O
I A I   G N I K L A T T N I A
N I L       F     M L E
G N         U     A O
W E     T I A W L L I N V
I D     W O N T H G I R A E
T       E R U P T I O N P
H O T F O R T E A C H E R
L I T T L E D R E A M E R L
```

NIRVANA
Puzzle # 28

```
  D E P A H S T R A E H
  A     L                 N
T E B E K I L S L L E M S   E
E S R O       T D         G
E   E A U       H E       A
N     I U T       I E     T
S       G O A N E U R Y S M I
P       O Y G       M B     V
I       M L S I             E
R E V I L S O O A R Y       C
I   M         O P E L L     R
T C A E G N U O L A M   L   E
      P           B L O   O E
        A           N L C   P
        R U O Y N I A R D
```

BON JOVI
Puzzle # 29

```
G N O S E V O L A T N I A
B E T H E R E F O R Y O U
    Y V     S S E F
    R B I B M O D I
    U A L A R R L L
      N B A D A F O Y
        A Y R M E O T M
          W M O E S D S S
            A E D D E E U T
              Y B A I H B J I
                O E C T
                T D I N
Y A D E C I N A E V A H   N I
R E Y A R P N O N I V I L   E
I N T H E S T R E E T S
```

INSTRUMENTS
Puzzle # 30

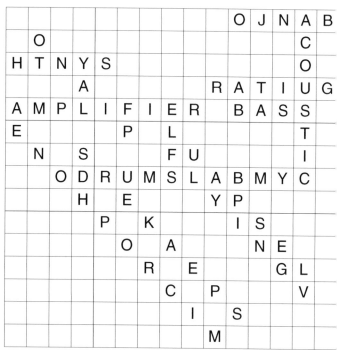

```
                          O J N A B
  O                             C
H T N Y S                       O
      A               R A T I U G
A M P L I F I E R     B A S S
E           P     L             T
  N     S       F U             I
    O D R U M S L A B M Y C
      H   E       Y P
        P   K         I S
          O   A       N E
            R   E         G L
              C   P         V
                I     S
                M
```

ROCK ARTISTS
Puzzle # 31

```
J Y P P U P Y N N I K S
E O D N E H S N W O T
  V H E     T A J M A H A L
M   O N A           G       E
N E   M L D         R       O T
  O N   E E B       A       N E
  E M A   H N Y     M       A D
  X   E T   T N A   P       R N
  T   L W     O P A         D U
  R   S U D O X E N R       C G
  E     M   N R     S I     O E
  M       A   I K   O   L H N
R E T S Y O E U L B N       E T
          R     B S         N
              C
```

GENRES
Puzzle # 32

```
                            P
              L J           S
        I       N A         Y
  A     N     E   Z T       C
    L   D     W   Z   E     H
C E L T I C   W   R     M   E
L I V   E     A   O         D
A G H I   R S V   C         E
S   R T S   N E   K         L
S     U O E   A U           I
I     F N G R     T L       C
C     O U G   G     I B
      L   N E       O V
      K     K       R   E
          K N U P
```

THE BEATLES
Puzzle # 33

```
L U C Y I N T H E S K Y
  C O M E S T H E S U N
D N A H R U O Y D L O H
  E D U J Y E H
    R E H T E G O T E M O C
    E F I L E H T N I Y A D
I       E B T I T E L
N       T I C K E T T O R I D E
M           C
Y B G I R R O N A E L E
L               P L E H
I   E V O L E M Y U B T N A C
F           P E N N Y L A N E
E   G E N T L Y W E E P S
    H A R D D A Y S N I G H T
```

ROCK ARTISTS
Puzzle # 34

```
    R O M A N T I C S
  N O C A E D N H O J
        T A H G O F
      P L A C E B O
    D A E H S I T R O P
      S R A T S E E S I
    D   H U S K E R D U
C O U R T N E Y L O V E
      F
T E E L F N A V A T E R G
        Y
S E K A H S A M A B A L A
      N I L P O J S I N A J
      S E S O R N S N U G
  D E E R C A
```

ROCK ARTISTS
Puzzle # 35

```
R   S E U L B Y D O O M
O N       A T I
L I   S     R R L         T
L N     K     E A L       H
I E       I A   T F Y     E
N I         D P   N F I   D
G N   C H R I S R E A I D O
S C               I   P C O
T H               L     R L
O N   B L A C K C R O W E S
N A E A R T H W I N D F I R E
E I                     N
S L     P A T B E N A T A R E
  S E U G O P E H T
  P R E T E N D E R S
```

ROCK ARTISTS
Puzzle # 36

```
H S A E N O B H S I W
T   L J O E S A T R I A N I
R B   I     A
D A U   F C     X         T
C E T O R A E L C R E V E   H
  I A S D   N I       T     E
  C L D G O   T N           S
    I B K I N   O C         T
      S U E B   M H         O
      U P N U     A A       O
        M E N D     S I     G
        I Y R E G     N E
        N X E D I           S
          X O N Y E
          S R O S
```

ROCK ARTISTS
Puzzle # 37

```
M . . N I A B O C T R U K
T E . . E . L . . . . . .
. A T . T . M . S . . . .
U . E R E H S Y . E . . .
. N E R I V E U A . T . .
S . D R H C R K A W . . .
. O . E O T . E I H H . .
. . R . R M R T V L U G .
. . . B . T O O S E L A I
. . . . N . O N N I H E B H
. . . . . A . N H I T T R .
. C I N O T M . E T M R . S
. . . . R . . L . S I . A .
. . . D O N A L D F A G E N
. . . . K . . A . . . F . H
```

ROCK ARTISTS
Puzzle # 38

```
R N T H E G A P B A N D J
. E E E . E . G . . . I .
W . T S L . T . O . . M .
E . G A N P . I . H . M .
T N . I E A R . H . E . Y
W R O R Z H H U . W . C P
I . A E E N T K P . T R A T T
L . . W L H A M C P . A G P
L . . T E F T D A E E . . E . S
I . . . H T O E . E B E R .
E . . . . E S S E . R . D . G
. . . . . C D G S . D . .
. . . . . U O N . . . . .
. . . . . . L R I . . . .
R O B E R T W Y A T T K
```

1990S HITS
Puzzle # 39

```
N E V A E H N I S R A E T
. Y . . . . . P . . . . .
. . A . R . L . . . . . .
. . . D . E U . . . . . .
E G A T O B A S . . . . .
S . M . T . H O . . . . .
E M A N E H T N I L L I K
. O . F E . S . . . . . .
. . O . L T . O . . . . .
E . . T R Y S . N . . . .
. V . . H E A E . G . . .
. . I R I S . S W F . T .
. . . R . . O A L . W . .
. B U D D Y H O L L Y E . O
W O N D E R W A L L C . S
```

HEART
Puzzle # 40

```
. N S M A E R D E S E H T K
D . O . . . . . . . . . I
E N . T . . . . . . . C M
V . I C H . . . . . . K A
E . H W R G M . . . . I K
N . S G L A I A . . . T E
I H R L U A Z A G . . B O L
T . E E A O R Y R I . A U O
U . A V M T T O T C . R T V
P . R E I O S N S M R . E
. . T N N S I Y . A . T
. . L O A T M O C N O
. . E L D N . U . Y
. . S A A I D . O
. . S . B A . U
```

ROCK ARTISTS
Puzzle # 41

ELVIS PRESLEY
Puzzle # 42

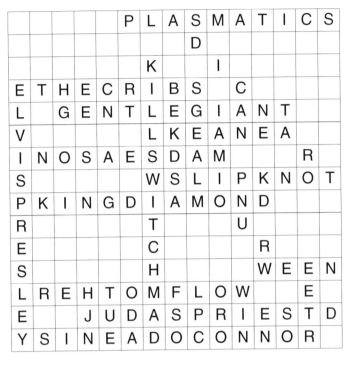

ROCK ARTISTS
Puzzle # 43

RADIOHEAD
Puzzle # 44

ROCK ARTISTS
Puzzle # 45

```
D A E H R O T O M
  R E T S I S D E T S I W T
          I         J P
      N Y T R A M N H O J J
S R E D N E B D N I M   U H
          H           R A S
  D       U           N R M
  O S D L O F N E B   E V A
  G           T N     Y E L
L I T A F O R D E V     Y L
  H T E P O     R O       F
      B       G           A
        M     U           C
R E M L A P D N A E K A L   E
  W I L L I E N E L S O N   S
```

ACDC
Puzzle # 46

```
E G A T L O V H G I H H     S
J A I L B R E A K     I     H
    R E L W O R P T H G I N O
    S H O O K M E H B H M W O
        E         E A W O H T
S       L       J C A N O T T
  D       L     A K Y E M O O
    E       S   C I T Y A T T
      E       B K N O T D H H
        D       E B H A E R
          Y       L E L W I
  T       T       A L K H L
    N         R   C L S O L
L O T T A R O S I E K
  K C U R T S R E D N U H T
```

1970S HITS
Puzzle # 47

```
R E C N A D Y C N I T   B   R
        R E D I R W O L   O
T H E J O K E R       I   C
                M     T   K
T U O B A D N U O R Y   Z   L
  T U O S L O O H C S   K   O
    K       L R I G H O R   B
      A         O   A   I   S
R O C K E T M A N   R   E   T
  E V O L R A D A R O   G   E
      A F         N   B   R
        C E N I A C O C
          M L         P
              Y
```

GUITARISTS
Puzzle # 48

```
            B
C H U C K B E R R Y       E
K         J K             R
E N       G I C           I
I J O     N M E           C
T I   S L G I M B         C
H M     E U   K Y F       L
R I     F A   R P F       A
I H S A L S I P   E A E   P
C E         L S   B G J T
H N         X E   L E O
A D         E L   A N
R R   D A V I D G I L M O U R
D I   N A M L L A E N A U D
S X E D D I E V A N H A L E N
```

1970S HITS
Puzzle # 49

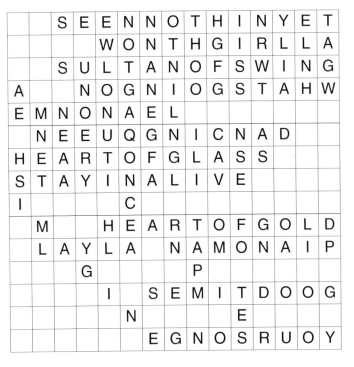

```
  S E E N N O T H I N Y E T
    W O N T H G I R L L A
  S U L T A N O F S W I N G
A   N O G N I O G S T A H W
E M N O N A E L
  N E E U Q G N I C N A D
H E A R T O F G L A S S
S T A Y I N A L I V E
I       C
  M     H E A R T O F G O L D
  L A Y L A   N A M O N A I P
    G       P
      I   S E M I T D O O G
      N       E
        E G N O S R U O Y
```

THE WHO
Puzzle # 50

```
    E N U T N I G N I T T E G
E E S N           F         P
M   E I   S       I         I
I R   L A   U     V         N
R N U E   I L   B   E       B
E E B O O   M P   C F       A
N K L Y N E R X     I       L
C O E U E G M O E F G       L
E   K E E R I L F T   A     W
F   C S E A E A E N     M   I
R     I E Y O R E E A       Z
O       U H E H N R S C     A
N         Q T S W     E     R
T Y E L I R O A B A B     H D
M Y G E N E R A T I O N     T
```

ROCK ARTISTS
Puzzle # 51

```
  T H E W A L K M E N
  T N
    O
  D Y S T E S T A M E N T
E G S L E N   S I V A R T
  N R Y I N H
  Y D E O W O O
  A O E B G H J
S V V H N E N D K
E E   D W D I I U C
  M V   U E A T N M A
  A F O   M H Y S N   J
  S   D     T   A U
  O   B O B B Y V E E R
  N   R E G E S B O B
```

1980S HITS
Puzzle # 52

```
R E G I T E H T F O E Y E
  L H E R E I G O A G A I N T
  O R E B E L Y E L L       A
N V F R E E F A L L I N     I
  E   A     A               N
  R E   C I   T I P I H W   T
  O   L   E S   I           E
  C   I   O T   T           D
  K     E   F H             L
  N       N   S I           O
  R         O   P S         V
  O           E C A L L M E
  L             M   C O
  L O V E S H A C K O   E V
L R I G S E I S S E J C   S E
```

DAVID BOWIE
Puzzle # 53

```
Z  I  G  G  Y  S  T  A  R  D  U  S  T  S  R
E  R  U  S  S  E  R  P  R  E  D  N  U  P  E
R  F  I  V  E  Y  E  A  R  S        A  B
M  A        H        M              C  E
O  S  T           S        N        E  L
D  U     S  E  G  N  A  H  C  O        O  R
E  F  L     K  M        O        E     D  E
R  F  E        C  A        T        F  D  B
N  R  T     N  A  F        S        I  E
L  A  S        A     L           E     T  L
O  G  D  E        M     B           H  Y
V  E  A     O        R              S
E  T  N     L  R  I  G  A  N  I  H  C     A
   T  C        E        T
   E  E              H        S
```

ROCK ARTISTS
Puzzle # 54

```
         R  E  L  L  I  M  E  V  E  T  S
H  O  U  S  E  O  F  P  A  I  N     H
   T        H        F  O           E
   H        A        A  P           K
   E        L  G        C  Y        I
   V     S  F  D  N           E  G  N
   E        O  L  I  A           S  G
   N        R  R  U  S  L        S  I
   T        D  B  S  T  Y           M
   U           E  H  I  N           E
   R  E  M  O  G  W  A  I     L  N  N
   E  L           B     L  O
   S  A  M  O  H  T  B  O  R  O     E  J
         H                 O     R
   E  C  R  O  F  N  O  G  A  R  D     S
```

ALBUMS
Puzzle # 55

```
   E  R  U  T  R  E  V  O  T  F  E  L
S  R  E  G  N  I  F  Y  K  C  I  T  S

B     L  O  N  D  O  N  C  A  L  L  I  N  G
   O  M  U  B  L  A  K  C  A  L  B        P
      R        R  D  O  O  K  I  E        A
R  A     N        E     R     C           R
E     I     I  N     T     Y     O        A
V     T  R     N  E     U     E     R     N
O     H  U  E     T  L     P     B  N  O
L     E  M     T        H  A     M     B     I
V     W  O        S     E  H     O     A  D
E     A  U           Y     U  N     C
R     L  R              H     S  A     K
      L  S                       A  V     O
```

ROCK ARTISTS
Puzzle # 56

```
   S  E  L  C  A  R  I  M  E  H  T
   A           S  G  U  R  D  N  O  R  A  W
   N  E  M  H  S  A  R  T  E  H  T        S
   T        L                       P
T  A  S  D  A  E  H  R  E  S  A  R  E  E
H  N        O        M                 L
E  A  V  R  I  L  L  A  V  I  G  N  E  L
C  N           D        C              B
R     O              U                 L
A     B              A                 A
M           D  K  I  N  G  S  M  E  N  S
P           E     P  O  I  S  O  N  T
S           R           B
D  E  A  D  B  Y  S  U  N  R  I  S  E
T  H  E  O  F  F  S  P  R  I  N  G
```

1950S HITS
Puzzle # 57

PINK FLOYD
Puzzle # 58

BEACH BOYS
Puzzle # 59

ROCK ARTISTS
Puzzle # 60

BLACK SABBATH
Puzzle # 61

S		A	N		S					
H	T	T	D	I	E	C	G			P
	T	H	U	N	N	V	H	I		A
	H	A	G	A	I	A	E	A	P	R
	E		B	I	N	L	M	R	N	R	A
	W			B	N	R	B	O	S	G	A	N
	I				A	K	E	W	L	A	E	W	O
	Z				S	N	P	O	A	Y	S	I
	A		I	D	I	E	Y	O	U	N	G	D	D
	R			R			D	E	S	S	E	I
	D			O			O	N	I	B	M	E
Y	K	S	E	H	T	N	I	E	L	O	H
					M				L
	S	W	E	E	T	L	E	A	F		B
							N

RED HOT CHILI PEPPERS
Puzzle # 62

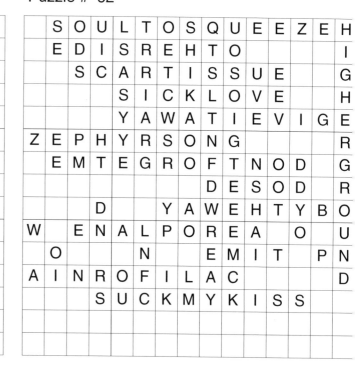

ROCK ARTISTS
Puzzle # 63

FOO FIGHTERS
Puzzle # 64

ROCK ARTISTS
Puzzle # 65

```
  K   Y   G N U O Y L I E N
T Y E R E V E R L U A P
H L     L
E I         H
D E E S T R E E T B A N D
R M H       A     R
E I     T   G         F
A N     A I     L P A V E M E N T
M O     G M E L A D K C I D
S G       E S           A
I U   D I A M O N D H E A D
D E           O R
E   G U A N O A P E S
        S L A M I N A E H T
N A I D R A U G D N I L B
```

1960S HITS
Puzzle # 66

```
      D E   T
    L M Y C               T
      I Y B E             O
      W B A P             O
        E D B S           P
        B N Y E           R
        O A M R           O
W H I T E R O O M     T T E     U
M L O V I N F E E L I N S B D
  Y   S N O I N O N E E R G T
  G   M O N Y M O N Y     O O
L O U I E L O U I E         B
  P U R P L E H A Z E       E
  S O U L M A N             G
  U O Y S E V O L E H S
```

AEROSMITH
Puzzle # 67

```
S   L O O K L I K E A L A D Y
W   L O V E E L E V A T O R
E     D E D A J
E     E C N A D D N A G N O S
T N Y A W S I H T K L A W
E   O       L
M     M   A     E
O       A   M       H
T         E   A       T
I         C R A Z Y     W
O         R D   I       A
N           Y     N       R
  L A S T C H I L D G     D
  N O M O R E N O M O R E
  N U G A T O G S E I N A J
```

ROCK ARTISTS
Puzzle # 68

```
  C U L T U R E C L U B
      D
T P S T T A L F L A C S A R
H R I     U
E   A S S       G
K     G S L       H
O   N   U O I H S T I F S I M
O R A E P S G N I N R U B
K       K W   E T B   Y
S         K I   H   R
            O R   T   I
      N N A M D E R F N A M
  S E P I R T S E T I H W
    T R A G I C A L L Y H I P
```

ROCK ARTISTS
Puzzle # 69

```
T E G A N A N D S A R A
              G
    G O O G O O D O L L S
  T H E F R A T E L L I S
    T H E B A N D Y
  S E N O J S U S E J K
    T H E S H I N S   C
  K I M M I T C H E L L   A
  M O R N I N G J A C K E T J
    T N A L P T R E B O R
W                 R
  I P A T T I S M I T H
  L E L P P A A N O I F
    C           G
      O   M O N K E E S
```

ROCK ARTISTS
Puzzle # 70

```
        H   S I M P L E P L A N
E U R Y T H M I C S
C H A N T A Y S       W
    H   N   B O N A M A S S A   A
    A   O   B             N
H   S T L   V   A           S
  P Y G O L L E H S O Y R C
  M   N I N   Z   K
  P U   I R O   N   C
  H   I   K T A   E   A
  O       R   I E T   R   L
  N       T   V I E   R     B
  Y               L U S   A
  X         S L E E Q       W
N O S I R R O M N A V D
```

ROCK ARTISTS
Puzzle # 71

```
          N E O N T R E E S
N I A T N U O M
  E   N   Y       A
  E I Y   E   E   G N I T S
F S D H T N L   L   N
R   D D C R O A   A I       B
A   S R I I A S T   H       O
N   H I E R P K Y I L       B
K     E B C L A C L   L     B
Z       E D O E E A L     I Y
A       P R C N T J I     B
P       D A H O   M B L
P       O Y R I       A
A       G   A L   N
  T E N A C I O U S D N     D
```

RUSH
Puzzle # 72

```
  B C Y G N U S X O N E   T
E   A   T X A N A D U     O
S Y A S   H           M S
P   E T T H G I L E M I L S U
I N   A T I   I       Z   A B
R   A   R E L   N     Y W D
I S   M   E H L   Y     Y I
T   E   G   M C E   B   E V
O A   E N   A R D   Y   R I
F   L   R I   C A A   L   S
R   L   T   K   E B Y   F I
A   L L I W E E R F H D   O
D     V   H O   T E   N
I       A   T   W   R S
O   T E M P L E S Y R I N X
```

GREEN DAY
Puzzle # 73

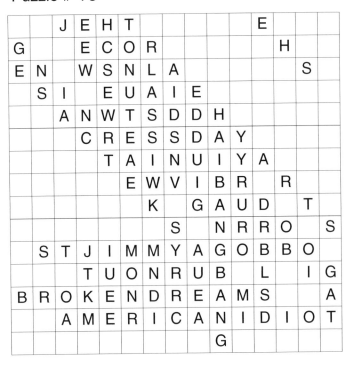

	J	E	H	T					E			
G		E	C	O	R					H		
E	N		W	S	N	L	A				S	
	S	I		E	U	A	I	E				
	A	N	W	T	S	D	D	H				
		C	R	E	S	S	D	A	Y			
			T	A	I	N	U	I	Y	A		
			E	W	V	I	B	R		R		
			K		G	A	U	D		T		
				S		N	R	R	O		S	
S	T	J	I	M	M	Y	A	G	O	B	B	O
	T	U	O	N	R	U	B		L		I	G
B	R	O	K	E	N	D	R	E	A	M	S	A
	A	M	E	R	I	C	A	N	I	D	I	O	T
					G							

ROCK ARTISTS
Puzzle # 74

										R		
	K			S	E	X	P	I	S	T	O	L	S
		A								N		I
N			A			Z	Z	T	O	P	N		G
I		O		M	S						I		U
T		T	U	I			L		G		E		R
T	N		W		S	S			U	W	M		R
Y		E		E		E	I			A	I		O
G			E		N			R		R	P	L	S
R	S			U		E			H		J	S	
I	I			Q		C			C		A	E	
T	M						I				P		L
T	O	R	L	E	A	N	S		U			
Y	N							J				
		N	U	G	Y	A	R	D	E	K	A	N

DRUMMERS
Puzzle # 75

T					N	E	I	L	P	E	A	R	T
E		R	J	N	O	S	K	C	A	J	L	A	
R		H	E	R	R	A	T	S	O	G	N	I	R
R		C	A	K	J	O	H	N	B	O	N	H	A	M
Y		H	B	L	A	K						
B		A	C	I	B	B	E					
O		R	P	I	L	L	R	I				
Z		L		U	R	L	A	E	T			
Z		I			R	Y	B	I	G	H		
I		E			K	D	R	N	N	M		
O		W				E	D	U	E	I	O	
D	N	A	L	E	P	O	C	N	U	F		G	O
	T						E	B	O			N
	T							G		R		
	S			L	H	O	R	G	E	V	A	D

IRON MAIDEN
Puzzle # 76

	R	U	N	T	O	T	H	E	H	I	L	L	S
	T	N	A	M	S	N	A	L	C	E	H	T	F
S	H	T	A	E	D	F	O	E	C	N	A	D		E
	R	S		E	B	D	E	W	O	L	L	A	H	A
T		E	E	A	R							C	R
H		P	H	V	C	G						L	O
E		O		T	E	E	E					A	F
T		W			O	N	S	H				I	T
R		E			R	T	H	T				R	H
O		R			B	H	I	X				V	E
O		S			D	S	G	E				O	D
P		L				O	O	H	L			Y	A
E		A				O	N					A	R
R	E	V	E	L	A	T	I	O	N	S	L	N	K
T	H	E	W	I	C	K	E	R	M	A	N	B	T

ROCK ARTISTS
Puzzle # 77

			S	I	L	V	E	R	C	H	A	I	R
S				Y	G	I	D	O	R	P	E	H	T
	E				N	A							
		N				E	L						
E	N	S	I	F	E	R	U	M	F				
W	R	P	O	T			E		Y	I			
H		E	Y	U	R			E		R	T		
I		T	T	A	N	E			H		R	N	
T		E		S	L	D	B			C	B	A	A
E		R		B	P	G	I			E		U	
W		G			E	D	A	L		E	U		Q
I		R			W	L	R		G		L		
T	T	E	L	L	I	K	S	X	O	D	E		B
C	E						A	C	E				
H	N						M	S	N				

BASSISTS
Puzzle # 78

					J								
	J	A	C	O	P	A	S	T	O	R	I	U	S
C		N	B	N	O	C	A	E	D	N	H	O	J
G	H		O		K								O
	E	R		O	T		B						H
	D	I	T		R	R	A	Y	B	R	O	W	N
		D	S		U								E
		Y	S	L	C	B							N
	A		C	L	Q	E		F					T
		E	O		E	U	M		F				W
		L			E	I	M		I				I
		L	F			R	Y			L			S
		I				E				C	T		
S	U	G	N	I	M	S	E	L	R	A	H	C	L
J	A	M	E	S	J	A	M	E	R	S	O	N	E

ROCK ARTISTS
Puzzle # 79

T		T	E	M	U	R	I	A	H	H	E	E	P
	T		H	N	A	M	E	K	A	W	K	C	I	R
		I		E	I	R							
	R		A	H	S	W	I						
	O			R	S	M	D	L					
	G		P		E	U	I	N	L				K
	E		E			I	B	T	A	I			A
	R		N			N		H	N	O			S
	W		N			C	N		S	O	N	A	
	A		Y			H		O	I	D	R	B	
	T		W			E		F	B			I	
	E	R	I	C	B	U	R	D	O	N		A	
	R		S			Z				N			
	S		E		R	O	B	Z	O	M	B	I	E
						Y							

CREEDENCE CLEARWATER REVIVAL
Puzzle # 80

				Q	E	I	Z	U	S				
	B	D	N	A	B	N	I	L	E	V	A	R	T
	A	R	O	U	N	D	T	H	E	B	E	N	D
I	D	O	L										
	M	N	I	A	R	E	H	T	P	O	T	S	
U	O	Y	A	B	E	H	T	N	O				
N	O	S	E	T	A	N	U	T	R	O	F		
R	E	N	R	O	C	E	H	T	N	O			
	R	E	V	I	R	N	E	E	R	G			
N	I	A	R	E	H	T	N	E	E	S			
	S	D	L	E	I	F	N	O	T	T	O	C	
	I		P	R	O	U	D	M	A	R	Y		
	N	S	P	E	L	L	O	N	Y	O	U		
T	H	G	I	N	O	T	Y	E	H				
	O	U	T	M	Y	B	A	C	K	D	O	O	R

ROCK ARTISTS
Puzzle # 81

```
            S U G A R C U B E S
   S   E           M G M T
     T R S K N A B Y N O T
   S E I R R E B N A R C
       C A N O I L E T I H W
       C   R
       L   T
       A       S
       P     E D E U S
       T     A H A R
R Y C O O D E R       I
L E O N R U S S E L L D
L I E V E H T E C R E I P
   S G N I T G N I T
P U O R G K C E B F F E J
```

ROCK ARTISTS
Puzzle # 82

```
T H E F R A Y J T         O
   S Y   M       A R H C P I
D   A R     A   K A     O N
   O   B R   N E I       W G T
S   O R A A   O N       E O H
   P   W E T H W W       R B E
     I   N T O E   A     G O S
       L   I N N I   R L I E
         G   W U   B   O N A A
           N   E H   B V G R M
             I   V R   E O C E
             S   M   E E   D H R
               S     A   T E   E I
                 I     L   S D R C
                 K       F     S A
```

ROCK ARTISTS
Puzzle # 83

```
   G     P A R A M O R E     T
   I     S E I R R E B P S A R
   L O U G R A M M           E
   L               D         X
   I S E X O F T E E L F
   A A         H T A M E T U M
   N M       D   D
   W M         E C
   E Y   E U N E V A E C Y O B
   L H           N T E J
   C A           D   H
   H G   I R O N M A I D E N
     A M O R P H I N E
     R             C
   C L U C T H     E
```

THE EAGLES
Puzzle # 84

```
   E N O G Y D A E R L A     W
B T A K E I T E A S Y       A
E       G   I               S
A         N H C             T
S I N U R G N O L E H T     E
T   N       T L   H         D
O D A R E P S E D W   T       T
F     O     L     O   N       I
M       F         H     I M
Y N E W K I D I N T O W N E
L         L Y I N E Y E S
O             A
V               C
E       T I M I L E H T O T
   S T H G I N E S E H T F O
```

ALBUMS
Puzzle # 85

```
      S G T P E P P E R S
      S D N U O S T E P   S
    B     N N         B   T
    A     D I U L A W O M A N
    C     P E M R     S   R
    K     O E R O     T   M
    I       W L E T O     A
    N         E B V N     N
    B         R T E R
    L A T E R A L U S I N O
D A R K S I D E     L T   B
    C   S L A M I N A   E
    K                 V L
        T S U D L E G N A E
        T X E N S O H W
```

LED ZEPPELIN
Puzzle # 86

```
        R L O T T A L O V E
    U O Y E V A E L A N N O G
        R E K A E R B T R A E H
    G O O D B A D T I M E S
        E       M
            V       R
D E S U F N O C D E Z A D
            L       Y
Y A W R I A T S Y     D
N O E L B M A R I M H S A K
    U O Y G N I V O L N E E B
      G N O S N O M E L
              G O D K C A L B
    I M M I G R A N T S O N G
      L E V E E B R E A K S
```

ROCK ARTISTS
Puzzle # 87

```
  H                 A E S A N U L
  S T E V E H I L L A G E
      I             I         T
J       M           C         H
O J         S       E         E
H E A         T     C         C   A
N Y I C             T O       L   U
F M A W K S E N O J Y V A D D
O   E R O S Y     P I       S   I
G   A E B O T E     L     H     O
E     T I D N R       E         S
R       L V I F O               L
T         O E V I F             A
Y           A T A V B           V
  N O S R E M E F S D E U       E
```

GUNS N ROSES
Puzzle # 88

```
L   Y M R B R O W N S T O N E
I     T   E   D
V R R   I   V   O
E O   O   C   O   N           N
A C D N O D E   L   T         N
N K N L I D E S   I   C       O
D E   E I A S G I   S   R     V
L T C   I H R N N D   I   Y   E
E Q   I   T C T E A A   H     M
T U   V   A T T V R R   T E   B
D E     I   P E H A T A       E
I E       L   E G E S P R     R
E N         W     W I H E A   A
            A     S N         I
E L G N U J E H T R           N
```

BOB DYLAN
Puzzle # 89

```
N I G N A H C A S E M I T I
E U L B N I D E L G N A T H W
N A M O W A E K I L       U A
B L O W I N T H E W I N D R N
    T E Y K R A D T O N R T
      S D N I W T O I D I Y
        G               C O
R O O D S N E V A E H     A U
      G R A I N O F S A N D
              L           E
    A M T H G I R L A S T I
  W O R N O I T A L O S E D
M A S T E R S O F W A R
          L A Y L A D Y L A Y
T H E W A T C H T O W E R
```

ZZ TOP
Puzzle # 90

```
S H A R P D R E S S E D
  E D I A P T O G T S U J
    S I S         N
    N S A L           A
      I A P E           R
        V L T E           G
        O G E P             A
          L N G I     L         L
  S           R U A N E
    U             U S T G
D U S T M Y B R O O M S B
      R O U G H B O Y     T A
S E U L B N A E J E U L B O G
  N E M O W F O T E N A L P G
          E D I W N O I T A N
```

ROCK ARTISTS
Puzzle # 91

```
B O B M A R L E Y
R O     R   A O
I   Y T   A   T P
T     G H   L   K R K
C L     E E Y A     E E O
H   L       O B L E T N T V
I     U C C R L L H     N A
E       T     G A E T     I H
V         O     E C B
A         R     A K O
L           H   R   K H
E               T S     E C
N O O P S   L O V E R B O Y E
S                 J       S
    E L C R I C T C E F R E P
```

ROCK ARTISTS
Puzzle # 92

```
                    A   A
  R E I U Q S Y L L I B   Q
    J         B E M I L B U S
    O           L         A
T   H           U       V   V
H   N     H T E D A G E M   E
E   C           S       N   L
D   A           P       O   V
E   L N H O J R D       M   E
A   E L O S L O B O S       T
D           J               S
B     B A D R E L I G I O N
O           C
Y C H R O M A T I C S
S E S O R E N O T S G N I W
```

SINGERS
Puzzle # 93

```
      R E L Y T N E V E T S
O                 T
E N       J I M M O R R I S O N
  S O                 C
  B O B D Y L A N       S
      R       Z           N
E       L       Z           O
    I       X       O           B
      D     T N A L P R E B O R
        D S T E V I E N I C K S
        Y E L S E R P S I V L E
        K U R T C O B A I N
                  F
          M I C K J A G G E R
          D E B B I E H A R R Y
```

ROCK ARTISTS
Puzzle # 94

```
        S E L L E R I H S E H T
        D S S G N I K Y S P I G
E       R A C O N T E U R S
  D         E O C
    D     S     D R A
P       I D T S L P R
A         E Y O Y U I A
R           M O O O F O V
L             O L R B E N A
I               N F S H T S N
A               T   E K S C A
M               O   Y N A A R
E     N O S N H O J C I R E G
N                   L     P G B
T   Y O B T U O L L A F
```

CHICAGO
Puzzle # 95

```
      T H G I N E H T Y A T S
    C Y O L D D A Y S
L   O R E M E V O L L L I T S
O B   L R     M               W
O M E   O O       N           H
K   A G J U S T Y O U N M E A
A H R D I   R M       L       T
W   A U E N   M I       L     T
A     R O M N   Y Y       A   I
Y       D F E I   W A       C M
          H O S N   O S       E
            A T M G   R O     I
            B X I S     L T   T
              I I L       D I
E V I F Y T N E W T S E       S
```

2000S HITS
Puzzle # 96

```
            Y
O         S T
  G D       W I
    I I       O R
S L I T H E R   N O       K U
A       R C W C   K N     R P
  W       E R H     E I   Y R
    A       V O A     N M P I
      K       P E T     O T S
        E     S   U I     O I
              U     L F   N N
C O C H I S E Y     B   I G
              Y       T
        L A S T R E S O R T E
        L A I C O S O H C Y S P
```

ROCK ARTISTS
Puzzle # 97

D	B	S		S									
O	D	R		T									T
Y	N	R		E									H
S		H	A	M	I	P							E
M	L		E	P	I	A	P						C
I		H		N	P	A	V	E			W		H
K	A		A		L	E	L	E	N			A	U
E		H		W		E	L	C	V	W			R
G				S	K		Y	F	O	E	O		C
I					P	W			E	R	T	L	H
R		C	D	C	A	I			D	P	S	F	
L	U		A			R	N						
S		S		K			K	D					
		H			E			S					
O	L	L	E	T	S	O	C	S	I	V	L	E	

LYNYRD SKYNYRD
Puzzle # 98

	S	W	E	E	T	H	O	M	E				
				N						I			
				U				A		W			
S	P	E	T	S	E	E	R	H	T		I		H
A	T	H	E	B	R	E	E	Z	E		N		A
E	M	O	H	N	I	M	O	C		H	T		T
	A						U			T			S
		B				R			H	N			Y
I	K	N	O	W	A	L	I	T	T	L	E	E	O
			L				I			O			U
S	I	M	P	L	E	M	A	N	S			N	R
	T	H	A	T	S	M	E	L	L		E		N
T	U	E	S	D	A	Y	S	G	O	N	E		A
		F	R	E	E	B	I	R	D	M			
			W							E			

ROCK ARTISTS
Puzzle # 99

E		E	T		T							T
	R	M	K	S	P	A	U	L	S	I	M	O	N	H
		I	R	O	U		L					E
		F	A	J	D		K				S
		N	F	G	N		T		J	E
	E		O	T	N	E		A		A	E
		G		S	N	I	V		L	R	K
		A		I	A	L	E		K	S	E
C	A	N	D	L	E	B	O	X	N	L	S		O	R
		R		E	E	I		F	S
E	D	L	Y	W	K	K	A	Z	L	I	K	C
	M	R	B	I	G		A	L	L
S	R	E	V	O	R	H	S	I	R	I	A
S	S	A	R	G	R	E	P	U	S		Y
	S	E	I	L	L	O	H	E	H	T

ROCK ARTISTS
Puzzle # 100

J											M	C
A		S	N	I	K	R	E	P	L	R	A	C	A	A
C	R	E	W	O	P	T	A	C			D	T
K		M									N	S
W			T								E	T
H		K	A	I	S	E	R	C	H	I	E	F	S	E
I	L	I	N	K	I	N	P	A	R	K		S	V
T			A	I	R	B	O	U	R	N	E
E		A	C	E	O	F	B	A	S	E		N
		T	A	L	K	I	N	G	H	E	A	D	S
	O	I	R	T	E	N	I	L	A	K	L	A
	S	L	A	Y	E	R
		N	A	D	A	S	U	R	F
S	D	R	A	H	C	I	R	H	T	I	E	K

1990S HITS
Puzzle # 101

Y	O	S	T	N	I	A	T	I	Y	A	S		
S	A	N				H	I	G	H	E	R		
O		W	U		E	T	H	R	E	E	A	M	
B	N		Y	S		V			E				
E		A		M	E		O			T			
R	M		N		O	L		L			N		
		I		D	G	G	O		D			A	
			T		O	L	A	H		A			S
			G		N	Y	N	K		B		H	
		P		N			C	N	C			I	
			M			I		E	O	A		N	
			U			S		R	G	L	E		
	S	E	N	O	J	R	M	O		I		B	
	W	H	A	T	I	G	O	T	L		N		
						C				E			

2010S HITS
Puzzle # 102

				H	I	G	H	W	A	Y	T	U	N	E
N	I	G	H	T	M	A	R	E		F				
	S					C			I		T			
U	L	K				I		G		U		I		
Y	O	O	C	E		R		U		R		G		
A	Y	N	I	S		I		R		E		H		
	W	R	E	K	I		C		E		T			
	A	O	L	P	R	E	V	E	I	L	E	B		
	R	F	Y	U	S		T		N					
	A	G	B	D	A		O		U					
	F	N	O	E	L	U		P						
	O	I	Y	P	T									
	S	M		M	A									
D	O	I	W	A	N	N	A	K	N	O	W	U		
L	E	T	I	T	H	A	P	P	E	N	C		P	

COLDPLAY
Puzzle # 103

	S	N		E	A	D	I	V	A	L	A	V	I	V
Y	D	P	W		C		E				F			
	E	O	E	O		A		L			I			F
		L	N	E	R		L		B		X			U
		L	T	D	B		P		U	Y				L
S			O	P	O	E		Y		O				L
	H			W	A	F	I	C	M	U	R			O
	P	I			N	S	L	N			T		F	
	A	V			I	O	R		I		S			
M	A	D	R	E	T	S	M	A	C	U	A		T	
		A	R	T	A	L	K		N	H		A		
		D			S			D	C	R				
	T	H	E	S	C	I	E	N	T	I	S	T	S	
		S												
	V	I	O	L	E	T	H	I	L	L				

DEEP PURPLE
Puzzle # 104

S	N	B	N					H		H
M	C	A	L	I			U		I	
O		H	M	I	K		S		G	
K		I	N	N	C			H		
E	F	S	B	L	I	D	U		W	
O	I	P	L	D	V	M	R		A	
N	R	E	A	I	O	A	T	L	A	Z	Y
W	E	E	C	N	L	N	E		Y	
A	B	D	K	T	D	C	C	S	
T	U	K	N	I	R	R	A	A	
E	L	R	I	I	M	A	I	P	R
R	L	N	N	G	E	H	E	S	
	G	H	S	
	D	E	T	A	E	R	T	S	I	M	T
P	E	R	F	S	T	R	A	N	G	E	R	S

FOREIGNER
Puzzle # 105

N	I	G	H	T	L	I	F	E			D			T	H
	N	O	I	S	I	V	E	L	B	U	O	D	H	E	
Y			T	U	H						N		E	A	
O			N	O	O						T		F	D	
U			E	Y	T					L		I	G		
R				G	E	B			E		R	A			
A				R	K	L		T		S	M				
L				U	I	O	G		T	E					
L		E	C	I	S	A	D	L	O	C	I	S			
I		S	A	Y	Y	O	U	W	I	L	L	D	M		
A		W	H	A	T	L	O	V	E	I	S	R	E		
M	Y	A	D	R	E	T	S	E	Y	S	A	W	I	D	
		R	E	D	I	R	R	A	T	S	G				
G	I	R	L	O	N	T	H	E	M	O	O	N			
	O	R	E	H	X	O	B	E	K	U	J				

LINKIN PARK
Puzzle # 106

L	Y	I	N	G	F	R	O	M	Y	O	U		
O	B	T		E	P								
I	S		M	U		W	A						
R	T		U	O		D	P						
I	I	F	A	I	N	T	G	I	E				
D	N	E	E	H	T	N	I	N	V	R			
E	T			G	D	I	I	C					
S	H			I		E	L	D	U				
C	E			V		E	W	E	T				
E	E	C	A	S	T	L	E	O	F	G	L	A	S	S
N	C			N					B	R			
T	H			U							C		
	O	N	E	S	T	E	P	C	L	O	S	E	R
W	H	A	T	I	V	E	D	O	N	E			
T	H	E	C	A	T	A	L	Y	S	T			

PEARL JAM
Puzzle # 107

B		E	H	T	A	E	R	B	T	S	U	J	
E		E	V	E	N	F	L	O	W				
T			S	I	B								
T			N	L									
E			A	A			G		C				
R			C	E			I		O				
M			K		C		V		R				
A		O	F	F	H	E	G	O	E	S	D		
N		I	N	H	I	D	I	N	G	U			
		D	A	U	G	H	T	E	R		J		
	N	A	M	G	N	I	H	T	O	N	O	N	C	E
					F		Y			R			
	H	A	I	L	H	A	I	L		E			
					Y					M			
		I	M	M	O	R	T	A	L	I	T	Y	

ROCK ARTISTS
Puzzle # 108

		B		S	E	O	L	E	M	E	R	T	
L		O	G	R	E	C	N	A	M	O	R	E	Z
D	A	S		N	E	E	T	S	G	N	I	R	P	S
	I	T	H	S	I	F	G	I	B	L	E	E	R
M	O	E	T	E	D	H	A	W	K	I	N	S	
	A	N	N	M		D	P						
	S		D	Y	R	R	E	H	C	K	C	U	B
T		T		I	B		R	O					
O		O		M	A			S	E				
M			D		U	B			I	N			
W			O		C				T	I			
A			N		C					O	X		
I		S	T	A	T	I	C	X					
T													
S		L	E	A	H	C	I	M	E	G	R	O	E	G

ROCK ARTISTS
Puzzle # 109

```
  N O G A W D E E P S O E R
          S L A S H
      R           F
L           E X F O N
    E S       T S R O T I D E
      I N       N E
      R O     N I G H T M A R E
        B S     G W
          A A N     Y
          G E E     N
          R S K     N
      S Q U E E Z E R A     H
N O I S I V E L E T U H     O
      F A B I A N     E O       J
                  P F
```

ROCK ARTISTS
Puzzle # 110

```
        E K A N S E T I H W
      T O D D R U N D G R E N
Y       H             M
    Z   M E T A L L I C A
  S Z D S B             R
      D I R E Y C       O
        I L A L R A     O
        U N Z T D R     N
    K   T   Q I I A S D F
      A   R   S H L E     I
O C I N   A   E T S B V A
          S   E   H U E     C
          A   H   T   S H     S
    J G E I L S B A N D     E T
E N A R H C O C M O T       J
```

ROCK ARTISTS
Puzzle # 111

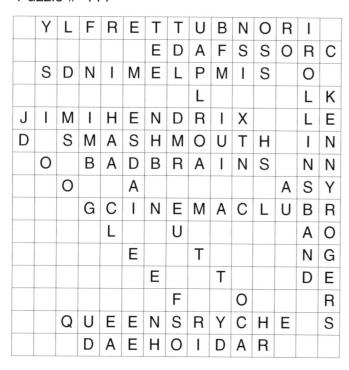

```
  Y L F R E T T U B N O R I
        E D A F S S O R C
S D N I M E L P M I S     O
            L             L K
J I M I H E N D R I X     L E
D   S M A S H M O U T H   I N
  O   B A D B R A I N S   N N
    O     A           A S Y
      G C I N E M A C L U B R
        L     U           A O
          E       T       N G
            E       T     D E
              F       O       R
    Q U E E N S R Y C H E S     S
      D A E H O I D A R
```

ROCK ARTISTS
Puzzle # 112

```
          P H I L L E S H
      G           P
      A A       M E L V I N S
S       S L R R   A   U
  E S   O E Y E   N     P
W   M L   N S L G   S
  O   A A   I T E N     U
  J B   L M   C O W I     N
    U N   F I   Y R I F
      N I   N N   O M S D
        K A   I A   U       A
        Y R           T       B
S W E H T T A M E V A D H
          S T R A Y C A T S
              D
```

ROCK ARTISTS
Puzzle # 117

```
      G W F O C U S
Y E N T R A C C M L U A P
    S   E A L
    T J   D N L
J   E A   T D D F
O   E M W H H I F L
E L L E V E H C E U O
J   P S   M E   L V N W
A   A T   O   Z   E E K E
C   N A   T     E   W D   R
K   T Y   E       R   B D   S
S   H L   L C H I C A G O E
O   E O   S             B R
N   R R M U L Y S A L U O S
    D N A L I E W T T O C S
```

THE CLASH
Puzzle # 118

```
        S E T A K S P A E H C
G U N S O F B R I X T O N   L
T L I A F T N A C E I D U R O
R A D F G A R A G E L A N D   D
A S E E O                     O
I H   H A U                   N
N O       R T G               C
I U         E H H             A
N L           D O T           L
V D             N R T         L
A I               U G H       I
I S                 L L E     N
N T O I R E T I H W O O L     N
H A B S A C E H T K C O R A G
  Y   L U F E T A H       C Y W
```

THE DOORS
Puzzle # 119

```
T P Y   P   E           R
G H I L   E   N         I
R N E H D L A W O M A N   D
O   O S S A   C E O     E
A     S T L M T E M T   R
D       A O A R H F H E S
H       M R T E E R C V O
O         A M S H E O U I N
U         B   Y E N G O F
S           A   R V D T
E   U O Y E V O L I C O
B B A C K D O O R M A N   L
L   E D I S R E H T O E H T
U E R I F Y M T H G I L
E   R E V O S C I S U M E H T
```

U2
Puzzle # 120

```
Y                 B
M A               Y A T S
Y   D         A       D
S Y   S   G       P
T E A E R   N         O
E   M D R A   I       R
R S   A L I E   M A I R O L G
I Y A D N U S Y D O O L B O
O   E   O F E W   C       Z
U   P L N N I D E   E
S   R   P O E T   N   M
W   I     K V U       O
A   D     L A A       H
Y   E     A H E
  W O L L O F L L I W I B
```

Thanks for playing! If you enjoyed this word search book please consider leaving a review or rating on the Amazon store.

You might also enjoy our other word search collections such as:

Country Music Word Search: Country & Western Puzzle Book

Basketball Word Search: Large Print Puzzle Book

Ice Hockey Word Search: Large Print Puzze Book

Baseball Word Search: Activity Puzzle Book

Soccer Word Search: Large Print Puzze Book

American Football Word Search: Searches and Scrambles

Outer Space Word Search: Searches and Scrambles

 **CreativePuzzlers**

Made in the USA
Monee, IL
14 October 2020

45103246R00083